5

슬로우 _____ 리딩,
슬로우 ____ 라이팅

**슬로우 리딩,
슬로우 라이팅**
하루 한 줄, 초보 작가를 위한 느린 글쓰기

초 판 1쇄 2025년 07월 28일

지은이 글빛현주
펴낸이 류종렬

펴낸곳 미다스북스
본부장 임종익
편집장 이다경, 김가영
디자인 윤가희, 임인영
책임진행 안채원, 이예나, 김요섭, 김은진

등록 2001년 3월 21일 제2001-000040호
주소 서울시 마포구 양화로 133 서교타워 711호
전화 02) 322-7802~3
팩스 02) 6007-1845
블로그 http://blog.naver.com/midasbooks
전자주소 midasbooks@hanmail.net
페이스북 https://www.facebook.com/midasbooks425
인스타그램 https://www.instagram.com/midasbooks

ⓒ 글빛현주, 미다스북스 2025, *Printed in Korea*.

ISBN 979-11-7355-335-6 03190

값 18,500원

※ 파본은 구입하신 서점에서 교환해드립니다.
※ 이 책에 실린 모든 콘텐츠는 미다스북스가 저작권자와의 계약에 따라 발행한 것이므로 인용하시거나 참고하실 경우 반드시 본사의 허락을 받으셔야 합니다.

미다스북스는 다음세대에게 필요한 지혜와 교양을 생각합니다.

슬로우 _____ 리딩,
슬로우 ____ 라이팅

글빛현주 지음

하루 한 줄,
초보 작가를 위한 느린 글쓰기

미다스북스

들어가는 글 ────────────── **나는 오늘도
글 '씨'를 뿌립니다.**

하루하루 살아내는 것만으로도 버거웠던 시절이 있었습니다. 매일 반복되는 일상 어디로 가고 있는지, 무엇을 향해 가는지 알지 못했습니다. 목표 없이 방향도 모른 채 둥둥 떠다녔습니다.

'일단 걷다 보면 길이 나오겠지. 어딘가엔 닿겠지.' 막연한 기대 속에 흔들렸지만, 아무것도 하지 않았습니다. 나이가 들면서 더 불안하고 초조했습니다. 마음의 소리는 외면한 채 듣지 않으려 했습니다.

2016년 아주 사소한 선택 하나 덕분에 삶이 변했습니다. 책 한 줄 읽지 않았던 제가 독서 모임을 시작한 거죠. 거창한 의도나 계획 없었습니다. 그저 아이들에게 좋은 습관을 물려주고 싶다는 생각에서 시작했습니다. 시간이 쌓이면서 생각이 달라졌습니다. 책을 통해 위로받고, 문장 하나에 마음이 흔들렸습니다. 전혀 상관없는 이야기에서 나를 발견하는 일도 생겼죠.

쉽고 재미있는 글을 읽으며 문득 '나도 이런 글 쓰고 싶다. 내 책을 갖고

싶다.'란 생각을 했습니다.

　처음엔 망설였어요. 내가 쓴 글을 누가 읽을까 두려웠습니다. 글 쓰는 재능도 없는데 괜한 욕심을 부리는 건 아닌지 걱정도 했습니다. 더구나 내 삶을 그대로 보여준다는 것, 너무 하찮아 손가락질 받는 건 아닌지 겁났습니다.

　오십이 넘은 지금 더는 후회하고 싶지 않았습니다. '그냥 해보자. 쓰다 보면 방법을 알게 되겠지.' 용기 냈습니다. 초보 작가입니다. 매일 낯설고 어설픈 문장을 씁니다. 그렇게 글이라는 지도에 삶의 방향을 그려갑니다. 비로소 나만의 나침반을 찾았습니다.

　책 읽고, 글 쓰는 일은 거창하지 않습니다. 반짝이는 재능이나 영감에서 시작되는 것도 아니고요. 반드시 해야 하는 일도 아니죠. 하지만 살아가는 데 꼭 필요한 도구입니다. 나답게 오늘을 살아내기 위한 든든한 기둥이 되어줍니다.

　나를 이해하고, 나를 표현하며, 나를 기억하는 방식. 누군가가 내 글을 읽고 이런 말을 했으면 좋겠습니다. "이 정도 글이라면 나도 쓰겠다." 그것만으로도 이 책의 의미는 충분하다고 생각합니다.

　이 책은 다섯 개의 장으로 구성되어 있습니다. 각 장은 제 삶의 여정이자, 이 책을 읽는 누군가의 여정과도 닮아 있는 이야기일 것입니다.

　1장에서는 책을 읽기 전, 삶의 방향을 찾기 전 방황했던 과거를 이야기합니다. 독서와 담쌓고 살던 시절, 불안한 마음으로 살았습니다. SNS를 기웃거리며 타인의 삶을 부러워했고요. 그들의 말에 휘둘리며 목소리를 잃기도 했습니다. 늘 부족한 사람이라고 느꼈습니다.

하지만 책을 만나면서 세상을 보는 눈이 달라졌습니다. 정확히 말하자면 나를 보는 눈이 달라졌습니다. 타인의 기준이 아닌 내 언어로 세상을 보기 시작했습니다. 보여주기 위한 독서가 아니라, 삶에 스며드는 독서. 조금씩 진짜 '나'를 찾을 수 있었습니다.

2장은 나만의 독서법, '슬로우 리딩'에 대한 이야기입니다. 빠르게 많이 읽는 것을 최고의 독서라 생각했습니다. 1년에 백 권 이상을 읽었다는 인증, 부러웠습니다. 따라가기 힘들었지만 포기할 수는 없었습니다. 저는 반대로 '천천히' 읽기를 선택했습니다. 한 권의 책을 몇 달에 걸쳐 읽기도 했고요. 한 문장을 며칠 동안 곱씹어 생각한 적도 있었죠. 완독을 목표로 하지 않았습니다. 중요한 건 얼마나 많이 읽었느냐가 아니라, 얼마나 깊이 읽었느냐였습니다. 슬로우 리딩은 단순히 '느리게' 읽는 것이 아닙니다. 삶의 리듬을 바꾸는 태도가 되었고요. 문장과 일상을 연결하는 삶의 방식이 되었습니다.

3장은 글쓰기, 그중에서도 '슬로우 라이팅'에 대한 글입니다. 책을 읽다 보니 자연스럽게 글이 쓰고 싶었습니다. 처음엔 욕심이 생겼어요. 잘 쓰고 싶다는 마음, 예쁘게 표현하고 싶다는 욕심. 그 마음이 오히려 글쓰기를 주저하게 했습니다. 생각을 바꿨습니다. 잘 쓰기보다 그냥 쓰기를 선택했습니다. 어설프고 부족한 문장도 괜찮다고, 나를 다독이며 썼습니다. 누구에게 잘 보이기 위한 글이 아니라, 나를 이해하고 삶의 의미를 찾기 위한 글. 조금씩, 글쓰기는 일상이 되었습니다.

특별한 재능이 없어도, 특별한 솜씨가 없어도, 누구나 자신의 이야기를 쓸 수 있다는 것을 알게 되었습니다. 결국, 글쓰기는 나를 이해하고 싶은 사람의 언어라는 생각을 합니다.

4장은 이 책을 읽는 독자와의 대화입니다. '당신도 작가가 될 수 있다'라는 제목처럼요. 당신에게 말을 겁니다. 작가는 특별한 자격을 가진 사람이 아닙니다. 삶 속 경험을 솔직하게, 꾸밈없이 써 내려가는 사람입니다. 오늘, 한 줄의 글을 쓴다면 우린 모두 작가입니다. 특별한 것 없는 내 경험이 누군가에게 도움이 되기를 바라는 마음으로 글을 쓰고 있습니다. 지금 여기에서 초보 작가로 다가갑니다. 글을 쓰고 싶지만 시작하지 못하는 사람들에게 마음속 묻어두었던 작가의 꿈을 용기 내어 꺼내보라고 말하고 싶습니다.

마지막 5장은 실천에 관한 이야기입니다. '슬로우 리딩과 슬로우 라이팅', 이 두 가지를 어떻게 하면 일상에 스며들게 할 수 있을지 직접 실천해 온 방법과 루틴을 나눕니다. 이 방법들이 누군가에겐 맞지 않을 수도 있습니다. 정답이 아닙니다. 다만 제 이야기를 참고로 각자의 속도를 찾고 방향을 조절하면서 일상에서 실천해 보시길 바랍니다. 중요한 건 완벽한 계획이 아닙니다. 조금씩, 그러나 꾸준하게 반복하고 쌓여가는 시간입니다. 바로 그 시간이, 우리의 삶을 변화시키는 가장 확실한 힘이니까요.

오늘도 글 '씨'를 뿌립니다. 그것이 언제, 어디서 어떤 꽃을 피울지 알 수 없습니다. 어떤 씨앗은 금세 싹을 틔우겠지만, 또 어떤 씨앗은 오랜 시간이 걸릴 수도 있겠죠. 괜찮습니다. 지금 당장은 눈에 보이지 않더라도, 언젠가 누군가의 마음속에 뿌리내리고, 조용히 싹을 틔울 수 있다는 것. 그걸로 충분합니다.

이 책이 그런 씨앗이 되기를 바랍니다. 당신에게도 읽고 쓰는 삶이 스며들기를. 그래서 당신만의 계절에 당신만의 꽃을 피울 수 있기를 진심으로 바랍니다.

나만의 계절에 나만의 꽃을 피우는

작가 글빛현주

차례

들어가는 글　004

제1장　──────────　책으로 시작하는 성장의 여정

1. 책 한 권의 무게　015
2. 독서 모임을 시작하다　021
3. 달라진 삶을 만드는 독서 비밀　027
4. 뜬구름 잡는 마음의 소리, 한 권의 책이 되다　032
5. 나만의 속도와 리듬　038
6. 거인의 어깨: 책에서 배운 겸손　044
7. 나를 응원하는 '나'　049
8. 마음에 담는 것과 행동하는 것　055

제2장 　　슬로우 리딩: 느리게 읽고 깊게 이해하기

1. 급한 마음 내려놓기　063
2. 깊이를 만드는 문장 독서　068
3. 부담 없이 술술 읽는 독서법　073
4. 생각하는 힘이 생기다　078
5. 슬로우 리딩으로 발견한 일상　083
6. 그림책을 만나다　088
7. 책 속에서 길을 찾다　094
8. 멈추는 시간을 선물하다　100

제3장 　　슬로우 라이팅: 표현하는 글쓰기 훈련

1. 문장과 일상을 연결하다　109
2. 세상 모든 것이 글감이다　114
3. 슬로우 라이팅을 배우게 해 준 글쓰기 책들　119
4. 작가가 되다　125
5. 이토록 아름다운 문장이라니　130
6. 그 문장이 내게로 왔다　136
7. 일단 쓰고 말하기　142
8. 살며 사랑하며 배우며　147

제4장   당신도 작가가 될 수 있다

1. 작은 결심이 만든 글 쓰는 삶 155
2. 반복으로 얻은 즐거움 161
3. 끌리는 문장을 재해석하다 166
4. 할 수 있다는 생각이 만드는 변화 171
5. 정답보다 해답을 176
6. 완벽하지 않은 글쓰기 182
7. 내가 글이 되고, 글이 내가 되고 187
8. 시간, 공간, 사람: 나를 바꾼 세 가지 힘 192

제5장   슬로우 리딩과 슬로우 라이팅 실전 연습

1. 멈추고 생각하기 201
2. 한 문장 집중공략 206
3. 문맥을 알면 구조가 보인다 211
4. 끌어당김의 문장 사랑하기 217
5. 소리 내어 읽는 힘 222
6. 나만의 어록 만들기 227
7. 쓰고 싶은 글, 읽고 싶은 이야기 232
8. 인생 사칙연산: 더하기에서 나누기까지 237

마치는 글 244

제 1 장

책으로 시작하는 성장의 여정

책 한 권을 펼친 그 순간부터 조용한 변화가 시작됐습니다.
사소한 호기심이 결국 나를 바꾸는 첫걸음이 되었습니다.

1. _____ 책 한 권의 무게

'기적 같은 만남'

현관문을 여는 순간 후회했습니다. 겨울이니까 추운 건 당연한데요. '그래도 이렇게 추운 건 아니지.' 구시렁거리며 종종걸음으로 아파트를 빠져나갔습니다. 몇 걸음 앞에 보이는 버스 정류장, 그 뒤로 보이는 400번 버스. 패딩 점퍼에 달린 모자를 양손으로 꾹 눌러썼습니다. 칭칭 감은 목도리로 얼굴 절반을 가렸죠. 쌩쌩 부는 바람에 눈이 시큰했습니다. 버스가 서서히 정류장으로 들어서자, 어디선가 우르르 몰려드는 사람들. 안경에 뿌옇게 김이 서립니다. 버스에 올라타 두리번거리며 빈자리를 찾았습니다.

오랜만의 친구를 만납니다. 약속 시간까지는 한 시간 정도 여유가 있어요. 이것저것 쇼핑할 생각에 신이 났죠. 야우리(현, 신세계) 백화점 입구 회전문 앞, 날이 추우니 사람들이 백화점으로 모였는지 발 디딜 틈 없었어요. 그 틈으로 비집고 다닐 생각을 하니 구경하기도 전에 기운이 빠집니다. 재빨리 엘리베이터에 올라탔죠. '3층 교보문고는 좀 한산할 테지.'

관심 없는 책 사이를 설렁설렁 지나다녔습니다. 눈에 띄는 표지가 많았어요. 요즘엔 책이 이렇게 예쁘구나. 딩동딩동 마치 피아노 건반 두드리듯 손가락으로 책을 톡톡 두들겼습니다. '이건 너무 두껍고, 저건 재미없어 보이고, 와! 가격이…… 왜 이래. 원래 이렇게 비쌌나.' 학교 졸업 후 책을 산 적 없었습니다. 그러니 가격이 얼마나 하는지 몰랐죠. 책을 읽는 사람들이 궁금했습니다. 도대체 무슨 책을 읽는 걸까. 형광펜으로 쓴 큰 글씨가 보였습니다. '베스트셀러? 유명한 작가들이 쓴 책이잖아. 뭐 얼마나 재미있길래. 한번 볼까.'

눈에 보이는 책을 집어 들었어요. 『나미야 잡화점의 기적』. 동화책 같은 표지가 예뻤습니다. 제법 두께도 있고 묵직했어요. 제사보다 제삿밥에 관심이 있다고 내용은 안중에도 없었고요. 들고 다니면 있어 보일 것 같은 책이었습니다. 계산대로 갔죠. 언젠가는 읽겠지. 책장에 꽂아두면 예쁠 것 같았습니다.

친구를 만나 신나게 자랑했던 기억이 납니다. 그날로 책장 한구석을 차지했던 『나미야 잡화점의 기적』. 2013년 1월에 만난 책을 봄바람 살랑대는 3월, 첫 장을 펼쳤습니다.

마지막으로 책을 읽은 게 언제인지 모르겠습니다. 또렷하게 기억하는 건 1993년 출간된 김진명 작가의 소설 『무궁화꽃이 피었습니다』입니다. 같은 과 친구들이 삼삼오오 모여 이야기하고 있었어요. 흥미진진했다, 꼬박 밤새

웠다, 사실 같아서 흥분했다 등등. 궁금했습니다.

어떤 내용이길래 다들 저렇게 단숨에 읽었다고 하는 걸까. 혹시 책을 좀 빌려줄 수 있는지 물었지요. 내일 당장 갖고 오겠다고 말하며 친구는 활짝 웃었습니다. 정말 재미있다는 말을 덧붙이면서요.

다음 날 친구가 준 책 두 권을 가방에 넣었습니다. 집으로 돌아오는 길 어깨가 무거웠습니다. 빌렸으니 꼭 읽어야 한다는 부담감도 있었죠. 얼른 읽고 돌려줘야지. 무거운 건 어깨만이 아니었습니다. 다 읽을 수 있을까. 마음도 묵직했습니다.

다음 날 친구에게 책을 건넸습니다. 손을 뻗어 책을 받는 친구가 내 얼굴을 유심히 살펴봅니다. 하루 만에 돌려주는 게 이상했겠죠. 재미없었는지 묻더라고요. 미소 지으며 책 잘 읽었다고 고맙다고 말했습니다. 친구가 눈을 동그랗게 뜨고 바라봅니다.

"너무 재미있어서 중간에 멈출 수가 없더라고. 내용이 궁금해서 잠을 잘 수가 있어야지. 그래서 그냥 다 읽어버렸지."

처음이자 마지막이었습니다. 그 후 어떤 책도 읽은 기억이 없습니다. 오죽하면 학교 다닐 때 샀던 참고서도 앞 몇 장만 꼬질꼬질하게 손때가 묻었으니까요. 나는 책을 싫어하고, 공부도 싫어한다고 굳게 믿었죠.

주변에 책을 읽는 사람이 많지 않았습니다. 도서관에 갔던 건 손가락으로 꼽을 정도였고요. 도서관이 어디에 붙어 있는 줄도 몰랐습니다. 대학 다닐 때라고 다를까요. 마찬가지였죠. 학교 도서관 어떻게 출입하는지도 몰랐으니까요. 책과 담쌓고 지냈습니다. 그나마 과제 때문에 전공 책만 겨우 읽었죠. 가끔은 공부하는 척, 있어 보이고 싶어 옆구리에 책을 끼고 다녔습니다.

스물여덟, 결혼하고 임신하니 자연스럽게 태교에 집중했습니다. '예쁜 것만 보고, 맛있는 것 먹고, 좋은 생각 하자!' 문득 책을 읽어야겠다는 생각이 들었어요. 내가 읽지 않는 것은 괜찮았습니다. 그런데 아이가 책을 읽지 않는 것은 좀 달랐죠. 책 읽는 좋은 습관을 만들어 주고 싶었습니다.

이번에도 생각에 그쳤습니다. 핑계 없는 무덤 없다고 입덧이 심해서, 날이 추워서, 너무 더워서, 몸이 무거워서. 좋은 생각도 굳은 결심도 말짱 도루묵이었죠.

책 한 권을 읽는 게 왜 그렇게 어려웠을까요.
책 한 권, 뭐가 그리 무거웠을까요.

처음부터 끝까지, 글자 하나하나, 문장 한 줄 한 줄 집중해 읽어야 한다는 부담감이 있었습니다. 포기하느니 차라리 시작하지 않는 게 나았죠. 잘하는 사람, 재능 있는 사람은 정해져 있다고 생각했습니다. 독서도 마찬가지였지요. 책 읽는 사람은 따로 있다고.

오십이 넘어 깨달았습니다. 시작해 보고 안 되면 그때 멈춰도 된다는 것을요. 살면서 가장 후회되는 것은 '시작하지 못한 것'이라는 글을 읽고 결심했습니다. 일단 저질러 보자!

누가 알까요. 잠자던 내 안의 재능을 건드려 깨울지.

혹시 모르지요. 내가 정말 원하는 삶을 살게 될지.

새로운 일을 시작하는 것, 두렵거나 걱정스러운 마음이 드는 건 당연한 일입니다. 경험하지 못한 일들, 알지 못한다는 것. 잘하고 싶다는 마음을 시작해야 한다는 신호로 받아들인다면 어떨까요. 아무 생각이 없다면 두려움도 없습니다. 하고 싶은데 실패하게 될까 두려운 거고. 잘해 내고 싶은데 못할까 겁나는 거니까요.

시작이 반이다? 아닙니다. 시작은 전부입니다.

조금 두려워도 괜찮습니다. 누구나 처음은 낯설고 어렵기 마련이니까요.

중요한 건 '그냥 해보는 것'입니다. 끝까지 하지 못해도, 잘하지 못해도 괜찮아요. 잠깐 멈춰도 괜찮습니다. 책 한 권을 펼친 그 순간 이미 한 걸음 나아간 거니까요. 잘하려 애쓰기보다 실패가 두려워 포기하기보다 나답게 시작하기로 했습니다.

내 안의 가능성은 생각보다 훨씬 더 크고 단단하다고 믿습니다. 지금까지 잘해왔고, 지금도 잘하고 있고, 앞으로도 잘할 테니까요. **할 수 있는 나를 믿는 것, 시작이 전부입니다.**

마음에 담는 하루 한 줄

"나는 뭐든 목숨을 걸지 않아. 대신 일상을 걸고 하지. 목숨은 한 번만 걸 수 있지만 일상은 매일 걸 수 있잖아. 나는 매일 점점 더 꿈에 가까이 다가서고 있어."

큰 결심은 중요하지 않습니다. 일상의 힘을 믿고 꾸준히 걸어가는 일이 나를 성장하게 합니다.

— 김종원, 『너에게 들려주는 단단한 말』을 읽고

2. _____ 독서 모임을 시작하다

'채훈민, 채정음! 당장 안 일어나! 주말이라고 계속 누워있을 거야? 책이라도 좀 읽어!'

당장 소리치고 싶었습니다. 왜 불렀는지 묻는 딸아이의 눈과 마주치는 순간, 나도 안 읽으면서 애들한테 잔소리하는 게 맞나 싶었죠. 숨 한번 쉬고, 입꼬리를 끌어올리며 미소를 지어 보였죠.

"점심 뭐 먹을래? 너네, 배 안 고파?"

'직업상담사 2급' 시험을 마치고 담당자에게 전화했습니다. 열아홉 문제 중 알쏭달쏭 한 문제는 단 두 문제. 답지 두 장을 빼빽하게 쓰고 왔다고 자랑스럽게 말했어요. 담당자는 축하한다고, 분명 합격했을 거라고 장담했습니다. 당장 이력서와 자기소개서를 준비하자는 말도 했어요.

얼마 만에 작성하는 이력서와 자기소개서인지, 괜한 긴장으로 키보드에 올린 손이 떨렸습니다. 직업상담사 자격증 취득은 꼬박 1년이 걸렸습니다.

'마지막 직업이다. 무슨 일이든 다 참고 견디리라.' 단단히 마음먹었습니다.

　자격증이 나오기 한 달 전, 취업했습니다. 면접을 보면서 시험에 합격했을 거라고 당당히 말하는 저를 믿어 주었습니다. 운이 좋았어요. 내일부터 출근하라는 말을 들었습니다. 정신을 차리니 집으로 가는 버스 안입니다. 흔들리는 창밖으로 보이는 개나리꽃. '봄이구나.' 마음이 간지러웠습니다.

　일주일이 하루 같았습니다. 서류 정리와 개별상담, 전화 몇 통화하면 하루가 갔어요. 자격증 발표 날이 다가올수록 '혹시'라는 의심이 들었습니다. 점점 자신감이 떨어졌죠. 마음은 걱정 띠를 두른 토성 같았습니다. 발표 날. 떨리는 마음으로 수험번호를 입력했어요. 눈을 질끈 감았습니다.

　2015년 5월 29일 직업상담사 2급 자격증을 취득했습니다.

　하지만 사람 마음이 참 간사합니다. 정말 마지막이다, 끝까지 열심히 하겠다는 결심은 오래가지 않았습니다.

　상담보다 그 외 업무가 더 많았어요. 점점 빨라지는 출근 시간, 하루가 건물 청소로 시작됐습니다. 4층 건물을 지하부터 옥상까지, 화장실, 계단, 강의실을 쓸고 닦았어요. 한 시간 정도 쉼 없이 오르락내리락했습니다. 오전 10시쯤 청소를 마쳤습니다. 업무는 시작하지도 않았는데 기운이 쏙 빠졌습니다. 이러려고 자격증 취득한 거 아닌데. 가시 돋듯 불쑥불쑥 드는 불편한 생각은 하기 싫은 마음에 기름을 부었습니다.

　점심시간 틈틈이 취업센터, 워크넷, 잡코리아, 직업상담사 카페를 들락거렸어요. 마땅한 자리가 있어도 면접을 볼 수 없으니, 속이 상했습니다. 결국 3개월 근무하고 퇴사했습니다.

다행히 직업상담사는 3개월 근무도 경력으로 인정해 주었어요. 서류를 다시 준비했습니다. 경력 조건이 맞지 않아도 혹시나 하는 마음에 여기저기 이력서를 제출했습니다. 찬밥 더운밥 가릴 때가 아니었으니까요.

며칠 후 낯선 031 지역 번호로 전화가 왔습니다. 수원 고용노동부였어요. 천안에 있는 취업 지원센터를 소개해 준다는 반가운 소식이었습니다. 고마운 마음에 허리 굽혀 인사를 했지요.

다음 날 오후 2시 집을 나섰습니다. 3시에 면접을 보기로 했어요. 30분 일찍 도착해 건물 위치를 확인했습니다. 3층 사무실로 올라갔지요. 대표와 팀장이 반갑게 맞이해 주었습니다. 이런저런 질문에 답을 했습니다. 연락을 주겠다는 말에 인사하고 자리에서 일어섰습니다. 그런데 갑자기 대표가 언제부터 출근할 수 있는지 묻는 거예요. 당장 내일부터 출근할 수 있다고 했지요.

다행히 한 달 만에 재취업했습니다. 면접장을 나오며 사무실을 둘러봤어요. 들어갈 때와 나올 때가 다릅니다. 웅성거리는 전화 소리, 컴퓨터 모니터를 쳐다보며 키보드를 두들기는 모습이 보였습니다.

'나도 내일이면 저 자리에 앉아 있겠구나!' 두근두근 설렜습니다. 조용히 문을 열고 밖으로 나왔어요.

엄마를 조르고 졸라 갖고 싶었던 장난감을 얻은 아이처럼 기뻐 소리 지르고 발을 동동 구르고 싶었어요. 비집고 나오는 웃음을 참을 수 없었습니다. 드디어 하고 싶었던 일을 할 수 있게 되었다는 기대. 이제 진짜, 정말 마지막 직장이다, 이곳에 뼈를 묻겠다는 각오를 했습니다.

동료들은 모두 친절했어요. 하루하루 업무에 익숙해졌습니다. 일하는 게 즐거웠어요. 야근과 토요일 근무도 마다하지 않았죠. 가장 먼저 출근해 문을 열었습니다.

가끔 대표가 먼저 출근한 날도 있었는데요. 늘 사무실에 앉아 책을 읽고 있었죠. 문 여는 소리도 듣지 못했는지 고개도 돌리지 않았습니다. 노트에 무언가를 끊임없이 적었어요. 무슨 책인지 궁금했습니다. 하지만 묻지는 않았죠.

어느 날, 대표가 시간이 있으면 서울에서 진행하는 독서 모임에 같이 가자고 했습니다. 호기심이 생겼죠. 토요일 새벽 5시, 다섯 명이 모였습니다. 한 차로 출발했어요. 캄캄한 도로를 달려 도착한 문정동. 이 새벽에 사람들이 올까.

건물에 들어서자 웅성대는 소리가 들립니다. 강의실을 가득 채운 사람들이 보입니다. 시계를 확인했어요. 오전 6시 50분. 와! 이 사람들은 다 어디서 왔을까. 매주 책을 읽고 이렇게 모인다고?! 신세계를 경험했습니다.

그냥 해보자는 생각이 행동이 될 때, 변화가 생긴다

주말은 유일하게 늦잠 자는 날입니다. 느지막이 일어나 아침 겸 점심을 먹죠. 자연스럽게 TV를 틀고 평일에 못 본 드라마를 봅니다. 소파에서 뒹굴다 다시 이불 속으로, 아이들이 없다면 밥도 안 했을 거예요. 어찌저찌 저녁을 해결하고 또 누웠습니다. 그러다 보면 휴일이 금방 지나갔어요.

저와 똑같이 핸드폰을 보며 뒹구는 아이들을 보면 뜨끔했습니다. 일요일 밤이면 가슴에 돌덩이를 얹은 듯 답답했어요. 달라지고 싶은데 무얼 어떻게 해야 할지 몰랐습니다.

그러던 중 대표가 독서 모임을 하자고 제안했습니다. 좋은 기회라 생각했죠. '까짓것 한 번, 해 보자! 내가 책 읽으면 아이들도 읽겠지.'

그런데 문제가 생겼어요. 일주일에 한 권을 읽자고 합니다. 절대 못 한다고 말했죠. 대표는 저를 설득하기 시작했어요. 해 보고 안 되면 그때 변경하자고, 걱정하지 말라고 다독였습니다. 어린애처럼 계속 투덜댈 수는 없었어요. 왔다 갔다가 하는 시계추 같은 마음, 머리가 복잡했습니다. 이런저런 생각하는 동안 커피가 식었습니다.

2016년 7월 14일 수요일 오전 6시 40분.

『인생의 차이를 만드는 독서법, 본깨적』 박상배 작가의 책을 옆구리에 끼고, 한 손엔 텀블러를 들고 현관문을 활짝 열었습니다. 다른 사람이 했다면 나도 한다!

변화는 어느 날 갑자기 찾아오지 않습니다. 거창한 목표도 대단한 계획도 없었죠. 그저 '나부터 해보자.'란 결심이 다였습니다. 책을 펼치고 매일 조금씩 읽었습니다. 읽다 보니 읽는 재미를 알게 되었죠.

말하지 않아도 강요하지 않아도 전해지는 힘이 있다는 걸 압니다. 어제보다 오늘, 오늘보다 내일이 조금 더 나아질 수 있다는 믿음. 그 믿음이 행동으로, 그 행동이 시간을 바꾸어 놓았습니다. **지금 내가 시작하기로 결심했다면, 삶은 조용히 그러나 반드시 달라질 거라 믿습니다.**

3. _____ 달라진 삶을 만드는 독서 비밀

"와! 대단하다. 어떻게 그렇게 달라질 수 있어?"
"독서 덕분이야. 책 읽으니까 정말 달라지더라! 같이 해 볼래?"

달라진 내 모습, 상상하는 것만으로 싱글벙글 웃음이 나왔습니다. 자기 계발이란 말을 처음 들었는데요. 책에서 읽은 내용처럼 당장 돈도 많이 벌 수 있을 것 같았습니다. 그렇게 되는 건 너무 당연하다 믿었죠. 2016년 시작한 독서 모임이 햇수로 10년이 되었습니다. 포기하지 않고 잘 참여하고 있습니다.

읽는 책마다 신기하고 재미있었습니다. 아는 게 없으니 더 그랬죠. 노란색 네모난 스펀지처럼 세상을 처음 경험하는 아이처럼. 주면 주는 대로 받아들였습니다. 자기 계발서, 에세이, 시, 수필……. 가릴 것 없었습니다. 일주일에 한 권? 어느 땐 두 권, 세 권도 읽었죠. 빈 책장을 한 권, 한 권 책으로 채울 때마다 뿌듯했습니다.

천안에 알라던 중고 서점이 있습니다. 참새가 방앗간 들르듯 책 쇼핑을 했죠. 주로 독서 모임에서 진행하는 책을 구매했어요. 하지만 어디 한 권만 사게 되나요. 제목에 끌려 사기도 하고 표지에 끌려 구매도 하고. 어느 땐 저렴한 가격 때문에 구매하기도 했습니다.

주말엔 아이들도 데리고 갔어요. 마지못해 끌려오는 느낌이 들었는데요. 시간이 지나면서 서점에 들르는 게 익숙해졌습니다. 그러다 가끔은 책도 읽었어요. 읽고 싶은 책은 만화책이라고 해도 얼른 사주었습니다. 집안 여기저기 쌓여가는 책을 보다 못한 남편이 잔소리했어요. 읽을 책만 사라는 거였죠.

"책은 원래 사 놓고, 그중에 골라서 읽는 거야."라고 말했습니다.

한 달에 한 번 가는 출장을 제외하고는 독서 모임에 꼬박꼬박 참석했습니다. 그 사이 요일이 변경되었고, 사람이 늘었습니다. 토요일로 바뀌면서 늘어지게 자던 늦잠을 포기했습니다. 알람 소리에 벌떡 일어나 세수했습니다. 거울에 보이는 내 모습, 기특하고 대견했습니다.

5년이 지났습니다. 아무런 변화가 없었습니다. 슬슬 조바심이 생겼죠. 손바닥 뒤집는 극적인 변화는 아니라도 뭔가 달라지는 느낌이 있어야 하는데, 없었어요. 나도 그대로, 삶도 그대로였죠. 분명 책을 읽으면 성공한다고 했는데 뭐가 잘못된 걸까.

문제가 있다면 답도 있을 건데, 문제를 모르니 답을 찾을 수 없었죠. 책 읽기도 심드렁했습니다. 그저 멍하게 소파에 앉아 있었죠. 거실을 빙 둘러 살펴봤어요.

책장 가득 꽂혀 있는 책, 그 중 황농문 교수의 『몰입』이 보였습니다. 카페에 앉아 단숨에 읽었던 기억이 떠올랐어요. '읽자, 다시 읽어보자. 책 속에 답이 있겠지.'

독서를 통해 변화된 사람들의 이야기 궁금했습니다. 나와 무엇이 다른지 비교해 봤죠. 그중 제가 놓쳤던 세 가지를 이야기하려 합니다.

첫째, 실천이 부족했습니다.

읽기만 했죠. 아무리 좋은 글이라도 읽기만 한다면 내 것이 될 수 없습니다. 읽은 책을 다 안다고 착각했어요. **단 하나라도 배우고 깨달았다면 일상에 적용해야 합니다.** 저는 실행하지 않았어요. 읽는 것에 만족했습니다. 책을 덮는 순간 다 잊었죠. 잘못된 습관이나 태도를 수정하려 노력하기보다 성공이나 인정에 집착했습니다. 실천 없는 독서는 발전도 없다는 걸 알게 되었습니다.

둘째, 삶의 목표가 없었습니다.

목표가 없으니, 방향도 몰랐죠. 다들 좋다고 하니 무작정 따라 했습니다. 남들에게 번듯하게 보이고 싶은 욕심만 있었죠. 내 것이 아닌 목표, 조금만 힘들어도 쉽게 포기할 수밖에요. 현재 나의 위치와 환경, 상황 파악을 한 뒤 뚜렷한 삶의 목표를 설정하는 것. 내가 정말 원하는 삶을 찾아 고민하고 생각해야 합니다. 내가 정하는 내 삶의 목표가 중요합니다.

셋째, 책의 내용을 아무런 비판 없이 받아들였습니다.

책에 있으니 무조건 다 옳다고 믿었죠. 조금의 의심도 하지 않았습니다. 책과 다른 의견은 있을 수 없었습니다. 독서 모임에서 다른 의견이나 생각을 말하는 사람을 보면 신기했어요. 나는 그저 머리에 차곡차곡 쌓기만 했으니까요. 개인마다 생각이 다를 수 있다는 것, 상황에 따라 다양한 답이 나올 수 있다는 것을 나중에야 깨닫게 되었습니다.

빨리 읽고 싶고 많이 읽고 싶었습니다. 자랑하고 싶었죠. 마음이 급하니 글이 제대로 들어올 리 없습니다. 남는 것도 없었고, 내 것도 아니었습니다. **누구나 흔들리고, 넘어집니다. 그 과정을 부끄러워할 필요는 없습니다.** 변화와 성장을 네이버 사전에 검색해 봤습니다. 변화는 '사물의 성질, 모양, 상태 따위가 바뀌어 달라짐'이라 합니다. 성장은 '생물이 자라서 점점 커짐, 성숙해짐'이라고 하네요. 변화하면 성장하는 게 당연하고, 성장한다면 변하는 게 당연합니다. 사물의 성질과 모양, 상태의 바뀜과 성숙해짐. 겉과 속이 모두 달라져야 한다는 것입니다. 겉모습만 번지르르하게 보이고 싶었던 나는 '속 빈 강정'일 수밖에 없었습니다. 이제야 조금씩 변화와 성장을 이루고 있습니다. 현재 진행형, 오늘이 달라지고 있습니다.

마음에 담는 하루 한 줄

"우린 늘 남들이 친절하게 대해 주기만을 기다려…. 그런데 자기 자신에겐 지금 바로 친절할 수가 있어."

타인의 시선에 흔들리지 마세요. 당신의 가치는 오직 당신만이 정할 수 있습니다.

— 찰리 맥커시, 『소년과 두더지와 여우와 말』을 읽고

4. ──────────── 뜬구름 잡는 마음의 소리, 한 권의 책이 되다

'꼭! 선생님 같은 선생님이 되겠어!'

초등학교 4학년 때 담임 선생님이 떠오릅니다. 눈 마주칠 때마다 밝은 미소로 따뜻하게 바라봐 주던 선생님. 지금 생각해 보면 20대 풋풋한 선생님이었습니다.

그 시절엔 '가정방문'이라는 행사가 있었는데요. 선생님이 학생의 집을 방문하는 것이죠. 학부모와 이런저런 이야기를 나누고, 집안 사정을 살펴보는 것인데요. 무슨 이야기를 나누는지 모든 신경이 엄마와 선생님 대화에 집중됐습니다.

선생님이 집에 방문한다는 건 할 일이 많아진다는 뜻입니다. 현관에서부터 시작해 방 구석구석까지 보이는 곳을 모두 청소했습니다. 평소에 좀 치울걸 하며 쓸고 닦았어요. 그래도 선생님이 온다니 좋아서 웃음이 나왔습니다.

"엄마! 선생님 드릴 거 있어? 뭐 샀어?"

선생님께 좋은 것 드리고 싶은 마음에 엄마를 졸랐어요. 엄마는 전날 시장에서 빨갛게 잘 익은 자두를 샀다고 하셨습니다. 선생님이 올 시각, 집 앞 골목을 서성였습니다. 두근대는 마음을 진정하긴 어려웠죠. 미어캣처럼 목을 쭉 빼고 고개를 돌려 사방을 살폈습니다. '언제 오시려나.' 골목 끝에 선생님 모습이 보였습니다. 얼른 달려갔습니다.

"현주야! 선생님 마중 나온 거야? 고맙네."

머리를 쓰다듬어 주시는 손길, 눈이 휘어지도록 웃는 화사한 미소. 그날 결심했습니다. 반드시 선생님을 닮은 선생님이 되겠어!

이루어지지 않는 게 꿈이라고 했던가요. 역시 꿈은 꿈일 뿐이었습니다.

중학교 때 상위권을 유지했던 성적은 고등학교에 진학하면서 바닥으로 곤두박질쳤습니다. 공부해도 성적이 오르지 않았어요. 점점 공부가 싫어졌습니다. 이래서 다들 어렵다고 했구나, 나는 해도 안 되는구나. 선생님이 되겠다는 결심은 흐지부지됐죠. 아무나 할 수 있는 게 아니라고 핑계를 댔습니다.

"그럼, 난 이제 뭘 하지?"

공부는 싫고 대학은 가고 싶었습니다. 더 놀고 싶었거든요.

1990년 3월 개나리가 필 때쯤 우연히 내다본 창, 옆집 동생이 까맣고 커다란 가방을 들고 빠른 걸음으로 집을 나서는 게 보였습니다.

"진이야, 어디 가?"

목청껏 이름을 불렀죠. 궁금해서 던진 이 말 한마디로 새로운 문이 열렸습니다.

대학 입시 실기시험 보기 이틀 전 소파에 누워 깜빡 잠이 들었습니다. 꿈 속 시험장에서 석고상 '다비드'를 그리고 있었어요. 채 십 분이 되지 않는 짧은 시간이었죠. 눈을 번쩍 떴습니다. 마치 지금 여기가 시험장인 듯 생생했어요. 다비드는 이번 시험에 나온다고 한 석고상 중 하나였거든요.

부랴부랴 미술학원에 갔습니다. 이젤 앞에 앉아 스케치북을 펼쳤죠. 연필을 들고 다비드상을 바라봤어요. 시험 전 마지막으로 그림을 그렸습니다. 같은 석고상, 같은 자리, 운이 좋았습니다.

'청주대학교 산업디자인학과 시각디자인 전공 91학번 이현주'

새로운 출발, 또 다른 목표와 꿈을 그리기 시작했습니다. TV에 나오는 유명한 디자이너들, 깔끔하고 단정한 정장을 입고 사람들 앞에서 발표하는 내 모습을 상상했죠. 영화를 보듯 흐뭇하게 바라봤습니다. 또 헛된 꿈을 꾸는구나 싶기도 했지만 꿈이 없는 것보다는 있는 게 낫지, 고개를 끄덕였습니다.

문제는 꿈이 꿈으로 끝난다는 게 문제였죠. 상상할 땐 좋아서 무슨 일이든 다 할 수 있을 것 같았는데요. 막상 행동으로 옮기기를 주저했습니다. 굳은 결심도 3일을 채우지 못했어요. 의지가 부족하고 포기가 빨랐습니다. 그저 '꿈꾸는 사람'이었습니다.

그랬던 제가 2023년 5월 작가의 꿈을 이루고 라이팅 코치가 되었습니다. 꿈을 꾸는 것에 만족하지 않고 꿈을 이룰 수 있었던 세 가지 방법. 지금부터 말씀드리겠습니다.

첫째, 간절함입니다.

"이현주, 너 내일 죽는다면 가장 하고 싶은 게 뭐야?"

"나? 내 이름으로 된 책 쓰고 싶어."

2022년 블로그, 인스타, 네이버에 검색했어요. 글쓰기, 책 쓰기, 글 잘 쓰는 법, 책 출간하는 법 등등. 이렇게 많은 정보가 있을 줄 몰랐습니다. 수많은 사람이 글을 쓰고 있었다는 것에 놀라웠죠.

그 중 어느 한 블로그에서 책 쓰기 무료 특강을 한다는 글을 읽었습니다. 신청서를 제출했습니다. 무료 특강을 듣는 내내 놀라웠습니다. 나도 작가가 될 수 있겠다는 기대와 설렘, 간절함이 빛을 만나는 순간, 닫힌 문을 힘차게 열고 발을 내디뎠습니다. **간절함이 빛을 만난 순간, 닫힌 문을 열고 힘차게 발을 내디뎠습니다.**

둘째, 꾸준함입니다.

2016년부터 시작한 독서. 책을 읽으니 글을 쓰고 싶어졌죠. 2018년 오십 명이 함께 쓰는 공저에 참여했습니다. 초고의 의미도 몰랐던 그때, 제대로 된 퇴고 없이 출판됐어요. 그렇게 세상 밖으로 나오게 된 글, 부끄러웠습니다. 누가 읽을까 겁이 났지요. 그 후 작가가 되고 싶다는 꿈을 접었습니다.

그럼에도 독서는 멈추지 않았습니다. 느린 걸음으로 갈지언정 놓지는 않았어요. 그것 때문일까요. 몇 년이 지나 또 작가가 되고 싶다는 꿈을 꾸었습니다. 하지만 이번은 달랐죠.

그렇게 '이은대 자이언트 북 컨설팅'을 통해 2023년 5월 공동저서 『오늘이 전부인 것처럼』을 출간하게 되었습니다.

변할 것 같지 않던 단단한 무쇠도 대장장이의 반복된 망치질에 모양과 형태가 바뀝니다. 어쩌면 뜬구름 잡는 마음의 소리가 확신의 소리로 바뀔 수 있었던 것은 '꾸준함' 덕분이었는지도 모릅니다.

셋째, 꿈이 있다는 것 그 자체입니다.

꿈이 있는 삶과 꿈이 없을 때의 삶은 확실히 다릅니다. 설령 그 꿈이 다소 과장되었거나 현실과 거리감이 있다고 해도요. 좋아하는 노래를 흥얼거리며 거리를 걷는 사람처럼 마음이 즐겁습니다. 발걸음도 가볍죠. 물론 부작용도 따릅니다. '뜬구름'에 불과하다는 것을 깨닫는 순간 마음이 무너지는 아픔을 겪을 수 있으니까요. 그럼에도 불구하고 여전히 꿈을 꾼다는 것은 하고 싶은 게 있다는 뜻이겠죠. 수많은 선택 중 나의 길을 찾아가는 과정이라고 생각합니다.

뜬구름 잡는 소리 좀 하면 어떤가요. 처음엔 헛된 꿈처럼 보입니다. 하지만 반복하고 반복하다 보면 원하는 구름을 잡게 될지도 모릅니다. 중요한 건 마음을 흘려보내지 않는 거예요. 간절함이 길을 만듭니다. 꾸준함은 그 길 위의 모난 돌을 고르고 길을 닦습니다. 오늘 아무것도 하지 못했더라도 괜찮습니다. 내일 다시 시작하면 되니까요. 꿈은 속도가 아니라 방향입니다. 남들보다 조금 늦어도 멈추지 않는다면 결국 도착할 수 있습니다. 끝내는 내 하늘을 만나게 되는 것, 지금 딱 한 걸음만 내디뎌 보세요.

"하찮은 지금일지라도 가장 찬란했던 과거보다 우월하다."

평범한 오늘이 모든 것을 바꿀 수 있습니다.

— 쇼펜하우어, 『쇼펜하우어 인생수업』을 읽고

5. ──────────────── 나만의 속도와 리듬

"어떤 음식이 좋아?"

"무슨 노래 좋아해?"

"어디 갈까? 가고 싶은 곳 있어?"

"뭐 하고 싶어?"

'아무거나, 제목을 모르겠네. 어딜 가도 좋지, 하고 싶은 거? 어, 생각해 본 적 없는데.'

구렁이 담 넘어가듯 어영부영 마음을 표현 못 했어요. 어떻게 말해야 상대방이 좋아할까만 신경 썼습니다. 좋아 보이면, 좋다고 하면 그냥 했지요. 이 사람과 비교하고, 저 사람 눈치 보느라 바빴습니다. 어느 하나 잘난 구석 없는 못난 나라고 생각했어요. 스스로에 대한 불만이 커졌죠.

바람에 살랑대는 분홍색, 풍성한 주름 원피스를 입고 학교에 온 친구는 눈이 번쩍 뜨일 만큼 예뻤습니다. 양 갈래로 땋아 내린 머리가 꽤 잘 어울렸어요. 아침부터 이리 뛰고 저리 뛰느라 땀에 젖어 이마에 착 달라붙은 머리를 급히 두 손으로 쓸어 올렸습니다. 무릎이 툭 튀어나온 헐렁한 고무줄 바지에 꾀죄죄한 티셔츠까지. 아무렇지 않게 입고 다녔던 옷차림이 영 마음에 들지 않았습니다.

"엄마! 나도 치마 사 줘."

갑자기 집으로 뛰어 들어와 불퉁한 얼굴로 던진 말에 엄마 눈이 커졌어요. 치마나 원피스는 입어 본 적도 사달란 적도 없었으니까요. 갑자기 왜 그러냐고 묻는 엄마에게 그냥 사달란 말만 했습니다.

며칠 후 시장에 다녀온 엄마는 하늘거리는 하얀색의 푸른 꽃이 가득한, 어깨 봉긋한 원피스를 내밀었습니다.

"현주야, 이것 봐. 너무 예쁘지? 얼른 입어 봐!"

얼른 원피스로 갈아입고 밖으로 뛰어나갔어요. 치마 양 끝을 두 손으로 잡고 살랑살랑, 춤추듯 한 바퀴 빙그르르 돌자 동그랗게 퍼지는 치맛자락에 배시시 웃음이 나왔죠.

'다들 예쁘다고 하겠지?' 한껏 기대하며 학교로 갔습니다. 운동장 가운데 친구들이 모여 있었어요. 바람에 이리저리 펄럭거리는 치맛자락에 속옷이 보일까 제대로 뛰지 못했죠. 여간 신경 쓰이는 게 아니었습니다. 술래잡기, 고무줄놀이를 몇 번 하다 결국 집으로 돌아왔습니다. 방에 들어서자마자 원피스를 훌렁 벗어 던졌습니다.

"엄마, 내 바지 어딨어?"

기억력이 좋은 편은 아닙니다. 이름이나, 장소, 숫자 등 가리지 않죠. 적어도 서너 번은 만나 이야기를 나눠야 겨우 기억했습니다. 공부도 마찬가지였죠.

답답함에 결국 머리를 주먹으로 콩콩 쥐어박았습니다. '이런 바보, 멍청이. 어떻게 이러냐.'

중학교 친구 K. 중간고사 시험 기간에 손바닥 크기의 수첩을 들고 이리저리 돌아다니는 K. 뭐라고 뭐라고 중얼거리는 모습이 보였어요. 뭐 하는지 물었죠. 요점만 수첩에 정리했다고 하면서 자기는 이렇게 해야 암기가 잘된다고 말합니다. 그런 방법이 있다고? K는 늘 전교에서 상위권 성적을 유지했습니다. 부러웠죠. 학기말 시험에 K를 따라 해 봤어요. 그런데 수첩에 공부한 내용을 정리하는 게 귀찮은 거예요. 한 번 두 번 시도하다 결국 수첩을 책상 위에 던졌습니다.

고등학교 2학년 반장 J. 공부도 잘하고 얼굴도 예쁜데 심지어 성격까지 좋았습니다. '뭐 저런 애가 다 있냐.' 선생님마다 칭찬 일색이었습니다. 걔네 집도 부자래! 현관 바닥이 대리석이라던데? 집에 분수도 있다는 친구에 대한 무성한 소문. 궁금했지만 직접 물어볼 용기는 없었죠. 괜히 무심한 척했습니다.

초등학교, 중학교 내내 합창부 활동을 했습니다. 은근히 음악 시간을 기다렸어요. '그래도 노래는 내가 조금 나을걸.' 그런데 웬걸 이 친구는 노래도 잘 부릅니다. '뭐야, 정말. 다 가졌네. 그래, 내가 졌다. 내가 졌어.'

그 친구는 알지도 못하는 의미 없는 비교와 시기 질투. 혼자 투덜댔습니다. 대학에 갔을 때도, 직장에 다닐 때도. 비교하는 버릇은 쉽게 없어지지 않더라고요. 좋아하면서도 질투했고, 부러워하면서도 시기했습니다. 마음 넓은 사람처럼 겉으론 웃었지만 속은 시렸죠.

2017년 3월 독서 모임에서 조정래 장편소설 『풀꽃도 꽃이다』를 읽었습니다. 한참 자기 계발서에 빠져있었던 저는 소설에 끌리지 않았습니다. 하지만 지금까지 독서 모임에서 읽은 책이 모두 좋았으니, 소설도 재미있겠지 싶었죠. 잠들기 전 몇 페이지라도 보자고 펼쳐 든 책, 눈을 뗄 수 없었습니다. 밤을 꼬박 새워 다 읽었습니다.

"뭐야, 밤새 읽은 거야? 눈이 퉁퉁 부었네. 울었어?"

5시에 일어난 남편이 얼굴을 보며 말했어요. 옆에 하얀 휴지가 쌓여 있었거든요.

『풀꽃도 꽃이다』는 우리나라 교육에 관해 이야기합니다. 잠든 아이들의 얼굴도 보였습니다. 생각이 많아졌죠. 나는 왜 아직도 타인과 나를 비교할까. 이렇게 불안한 이유는 뭘까. 왜 나를 소중하게 생각하지 못할까. 잘하는 게 하나도 없다는 자기 비하는 어디에서 온 걸까.

각각 다른 재능을 갖고 태어난 아이들, 똑같이 공부를 잘한다는 건 어쩌면 불가능한 일일지 모릅니다. 초등학교, 중학교, 고등학교. 대학교를 제한다고 해도 무려 12년이란 시간을 학교에 다닙니다. 학생이 공부를 잘해야지, 그래야 결혼도 하고 잘 살 수 있어. 수없이 반복해 들었던 말은 마음에 단단히 자리를 잡았습니다. 점점 몸짓을 키웠죠. 아마도 중학교 때 좋지 않은 성적으로 부모님이 다투는 모습을 본 후, 비교하고 불안해하는 마음이 더 커졌던 것 같습니다.

같은 날, 같은 시간에 태어난 쌍둥이의 생김새도 다릅니다. 생각과 감정, 환경과 상황 모두 다르죠. **사람은 저마다 삶의 속도가 있고 꽃 피우는 시기가 있습니다. 다르다는 건 당연한 거였어요.**

타인과 비교하느라 흘려보낸 시간이 아까웠습니다. 잘하지 못한 것에 집중하고 몰아세웠던 나에게 미안했죠. 다름을 인정하니 마음이 한결 편안해졌습니다. 과거는 말 그대로 과거예요. 다 지나갔습니다. '후회하지 말자. 지금부터 새롭게 시작하면 된다.' 생각을 바꿨습니다.

나만의 속도와 리듬으로 살아갑니다. 남들보다 느려도 괜찮습니다. 지금도 충분히 잘한다고 나를 응원합니다.

마음에 담는 하루 한 줄

인간의 가장 큰 어리석음 중에 하나는 나와 남을 비교해 가며 불행을 키우는 것이다.

내가 선택한 '나'로 살아가세요. 그게 진짜 인생입니다.

− 조정래, 『풀꽃도 꽃이다』를 읽고

6. _____ 거인의 어깨: 책에서 배운 겸손

"거인의 어깨 위에 서다."

12세기 프랑스 철학자 베르나르 드 샤르트르(Bernard of Chartres)가 처음 이 말을 했다고 합니다. 그 후, 아이작 뉴턴이 자신이 이룬 성과를 말하면서 '거인의 어깨'라는 표현을 인용했다고 합니다.

"만약 내가 더 멀리 볼 수 있었다면, 그것은 거인의 어깨 위에 서 있었기 때문이다."

과거 학자들이 이루어 놓은 수많은 지식과 발견 덕분에 더 멀리, 더 깊이 바라볼 수 있었다는 고백. '거인의 어깨 위에 서다.'는 결국 삶을 대하는 태도였습니다. 잘 익은 벼가 고개를 숙인다는 말처럼 책 읽고 공부하고, 배우고 깨달을수록 겸손한 태도를 지녀야 한다는 말이라 이해했습니다.

주말이면 TV 앞에 딱 붙어 있는 남편이 꼴 보기 싫었습니다. '어쩜, 저렇게 아무것도 안 하냐. 종일 TV만 보네. 애들도 아니고 도대체 뭐 하는 거야.' 거실에 누워 리모컨을 손에 꼭 쥐고 있는 남편. 실실 웃고 있는 모습에 화가 치밀어 올랐죠. 애라면 있는 힘껏 등짝을 한 대 때리고 싶었어요.

늦은 아침을 먹고 식탁을 치웠습니다. 일부러 요란한 소리를 내며 설거지했어요. 유리그릇을 건조대에 탁탁 소리 나게 올려놓았습니다. 제법 시끄러운 소리에 고개를 돌릴 법도 한데 눈 하나 깜짝하지 않는 모습에 한숨이 나왔습니다.

일주일 동안 피곤하게 일했으니 쉬는 게 당연한데, 남편의 모습은 왜 그렇게 못마땅했는지. 똑같이 일하고 똑같이 쉬는데 끼니때마다 밥 걱정하는 저와는 달리 빈둥거리는 남편이 더 미웠던 거죠. 동그란 뒤통수를 노려보다 고개를 돌렸습니다. 차라리 보지 말자, 방으로 들어가며 문을 쾅 닫았죠.

'아휴, 점심은 또 뭘 해야 하나. 차라리 주말이 없었으면 좋겠네.'

독서 모임에서 알게 된 사람들과 남편을 비교했어요. 직장에 다니며 미라클 모닝도 하고 자기 계발에도 열정을 다하는 사람들 대단해 보였습니다. 물론 눈에 보이는 모습이 전부가 아니란 걸 알고 있었어요. 하지만 몇 년 후면 정년퇴직할 텐데 미래에 대한 고민도, 노후 준비도 관심 없어 보여서 답답했습니다.

나는 못 하니까 남편은 잘하기를 바랐습니다. 그래도 한 집안의 가장인데 아이들에게 좋은 모습을 보여야 한다고 생각했거든요. 부부라도 모든 걸 알 수는 없습니다. 쌓여가는 불평과 불만에 대화가 줄었어요.

"엄마! 엄마는 책도 읽고, 심리상담도 공부하는데 왜 그래?"

"내가 뭘 어쨌다고? 심리상담사는 사람도 아니야? 책 읽는 사람은 화내면 안 돼? 어떻게 다 이해해!"

불만 가득한 딸의 목소리에 소리를 질렀습니다. 동그랗게 놀란 눈으로 저를 바라보는 딸을 노려봤죠. 아니, 책 읽는 사람, 상담하는 사람은 무조건 참아야 해?! 욱하는 감정이 폭발했습니다.

낮 기온 30도. 차 문을 열자 웅크렸던 뜨거운 공기가 쏟아져 들어왔습니다. 숨이 턱 막혔습니다. 몸은 또 왜 이렇게 무거운지 도로 위에 커다란 자석이라도 깔린 걸까. 무거운 가방을 어깨에 메고 노트북은 옆구리에 꼈습니다. 구부정한 자세로 발을 질질 끌며 엘리베이터를 탔어요. 땡! 소리와 함께 도착한 13층. 현관문이 활짝 열려 있었습니다.

"엄마 왔다."

더위에 지쳐 힘도 없었어요. 방문을 열자 아무렇게나 쌓여 있는 정음이 옷더미가 보였습니다. 얼굴에 열이 올랐죠. 얼른 정리하라고 소리쳤어요. 알았다고 건성으로 대답하는 딸. 10여 분쯤 지났을까요. 꿈적도 안 하는 딸에게 또 말했습니다.

"정음아! 옷 정리 안 해?"

컴퓨터 앞에 딱 붙어 있는 동그란 뒤통수, 돌아보지도 않습니다. 왜 노크도 없이 그냥 들어오냐고 불평을 하더니 조금 있다가 치우겠다는 말만 합니다.

"얼마나 더 기다리라는 거야? 지금 당장 안 치워!"

6시 30분, 독서 모임에 가기 위해 집을 나섰습니다. '성성호수공원'은 새벽에 갑자기 내린 비로 바람이 제법 차가웠어요. 차 안에 있는 머플러를 챙겼습니다. 먼저 도착한 선배(독서 모임에서 선배라는 호칭 사용)가 작은 보온병에 담아온 커피를 종이컵에 따라 주었어요. 감사하다 인사하고 두 손으로 컵을 받았습니다. 따뜻한 기운이 몸에 퍼졌습니다. 모임 시작까지 10분쯤 여유가 있어 조용히 책을 꺼냈습니다.

　정혜신 작가의 『당신이 옳다』는 2019년에 처음 읽었고, 2023년 두 번째, 2025년 올해가 세 번째입니다. 읽을 때마다 다른 내용이 보이고, 다른 문장에 끌립니다.

　순간, 눈물을 흘리며 서럽게 우는 딸의 모습이 떠올랐어요. 책을 읽어도 상담 공부를 해도, 왜 자신을 이해하지 못하냐는 딸의 말이 귓가에 울렸습니다. 그리고 남편의 구부정한 뒷모습도 떠올랐습니다.

　감정을 참지 못해 화내고 짜증을 냈습니다. 시간 지나 돌아보며 꼭 후회했어요. 조금만 참을걸. 한숨이 나왔죠. 책을 읽고, 상담 공부를 하고, 수많은 문장을 되새기며 스스로 나아졌다고 생각했는데 아니었습니다. 구슬이서 말이라도 꿰어야 보배라고 읽기만 한 내용이 내 것이 됐다고 착각한 거죠. 나무를 보느라 숲을 놓쳤습니다. 넘실거리는 파도에 취해 수면 아래 바다는 볼 줄 몰랐습니다.

　행동엔 이유가 있습니다. 결과엔 원인이 있죠. 눈에 보이는 게 모두 진실이라 믿었습니다. 결과만 얻으려 아등바등 애썼습니다. 관심과 이해가 필요하다는 것을 이제야 깨닫습니다.

　책이라는 '거인', 그 어깨 위에 선다는 건 높이 올라 잘난 척하라는 말이 아니었습니다. **더 멀리 더 깊게 세상을 바라보는 눈을 갖고 넓은 마음으로 겸손하게 살아야 한다는 뜻이었습니다.**

　미안했습니다. 머리로만 알고 있는 지식이 삶의 지혜가 되도록, 오늘은 어제보다 조금 더 따뜻한 눈으로 가족을, 내 주변을 살펴봅니다.

마음에 담는 하루 한 줄

그대 자신을 표현하라. 그것이 더 넓은 세계로 갈 수 있는 최선의 방법이다.

글을 쓰는 동안 알게 되었습니다. 내가 나를 얼마나 모르고 있는지를.

― 김종원, 『문해력 공부』를 읽고

7. _____ 나를 응원하는 '나'

　체코의 소설가 프란츠 카프카의 『변신』이란 책을 읽었습니다. 자고 일어나니 하루아침에 벌레로 변해버린 세일즈 맨 그레고르. 내가 벌레가 된다면? 상상하는 것만으로도 끔찍했습니다. 내 모습을 돌아봤어요. 나는 지금에 만족하는지 물었죠. 대답하기 어려웠습니다.

　소설과 같은 변신은 아닙니다. 내가 바라는 건 변화와 성장이었죠. 하루아침에 달라지고 싶었던 것도 아니었습니다. 하지만 '지금 이대로 좋은가?'란 질문엔 고개를 가로저었습니다. 무언가를 시작할 때는 열정과 의지가 활활 타오릅니다. 이번엔 '반드시'라고 굳은 결심을 하죠.

　온 힘을 다해 힘껏 던져도 다시 제자리로 돌아오는 부메랑 같은 나, 조금 달라지는구나 싶다가도 돌아보면 제자리. 한 자리를 뱅글뱅글 돌아가는 팽이 같았습니다. 작심삼일의 무한반복, '나는 안 되는 사람'이라고 정의하고 마음을 내려놓았습니다.

변화를 이루기 위해서는 다양한 조건이 필요합니다. 넘치는 의지와 불타는 열정이 있어도 마음대로 되지 않을 때가 많습니다. 변화와 성장을 간절히 바라도 쉽지는 않죠. 실패를 반복한다면 간절함도 바람 앞의 등불입니다.

'작가가 되고 싶다.'란 꿈만 간직했던 내가 꿈을 이루겠다고 결심하고 도전하게 된 계기가 있습니다.

2022년 1월, 유난히 안 좋은 소식이 많이 들렸어요. 학교 동창은 암에 걸렸다고 하고 또 다른 지인은 사고로 운명을 달리했습니다. 사람 사는 일은 정말 한 치 앞도 모른다는 생각이 들었어요. 허무했습니다. 문득 이런 질문을 했습니다.

'이현주, 너 죽기 전에 하고 싶은 일이 뭐야?', '당장 내일 죽는다면 가장 후회되는 일이 뭐야?'

블로그, 인스타, 페이스북 등을 동원해 글쓰기, 책 쓰기 수업, 글 쓰는 법, 작가 되는 방법, 책 출간하는 법을 검색했어요. 글 잘 쓰는 것도 좋겠지만, 저는 제 이름으로 된 책을 출간하는 게 목표였습니다.

우연히 들른 이웃 블로그에서 운명처럼 '이은대 자이언트 북 컨설팅 책 쓰기 무료 특강'을 발견했습니다. 머뭇거리지 않았습니다. 바로 신청했죠. 찬바람 불기 시작한 10월, 첫 번째 특강을 들었습니다.

강의를 듣는 동안 내내 신기했습니다. 강사가 마치 도깨비방망이를 휘두르는 것처럼 보였어요. 참석자들에게 질문을 하고 대답을 듣고, 즉석에서 술술 글을 쓰는 거예요. 세상에 저렇게 쉽게 글을 쓴다고?! 방망이만 몇 번 두들기면 한 권의 책이 뚝딱 나올 것 같았죠. 가슴이 뛰었습니다. 처음으로 나도 할 수 있겠다는 생각했습니다. 하지만 수강료 200만 원은 선뜻 결제할 수 없었죠. 그동안 포기한 일들이 눈앞에 펼쳐졌습니다. 한 번 더 무료 특강에 참여해 보기로 했습니다.

2023년 2월, 공동 저자로 책을 쓰기 시작했습니다. 선택과 결정, 시작과 몰입, 드디어 결과를 얻었습니다.

방법을 알면 누구나 할 수 있습니다. 가고 싶은 길이 있다면, 이미 그 길을 걷고 있는 사람에게 배우면 됩니다. 중요한 건 멈추지 않는 것입니다. 마치, 비 올 때까지 기우제를 지내는 인디언들처럼 말이죠.

실패하더라도 계속 걸어가면 됩니다. 원하는 결과에 다다를 때까지 멈추지 않는 힘!

변화하고 성장하는 것도 선택입니다. 잘나거나 특별한 사람만 하는 일이 아니니까요. 저 같은 평범한 사람도 해낼 수 있었던 이유, 제가 직접 경험한 세 가지 방법을 나누고자 합니다.

첫째, 명확한 목표가 있어야 합니다.

한때는 목표가 있다고 생각했습니다. 하지만 지금 돌아보면, 그건 흐릿한 환영 같았습니다. 내가 진짜 원하는 건지, 남들이 바라는 걸 따라가는 건지조차 알 수 없었으니까요. 당연히 몇 번 시도하다 금세 포기했습니다.

'내 길이 아닌가 봐. 내가 할 수 있는 일이 아니었어.' 스스로 다그치고, 자책하며 물러섰지요.

작가의 꿈도 그랬습니다. 막연했습니다. 그저 멋져 보여서, 한 번 도전해 보고 싶었죠. 그런데 이상하게 시간이 지날수록 선명해지는 거예요. 책을 출간해 돈도 벌고, 이름도 알려지면 좋겠다, 나이 들어 자식에게 손 벌리지 않고, 삶을 책임지고 싶다는 바람이기도 했습니다.

'이건 정말 해야 하는 일일지도 몰라. 실제로 부딪혀 보면 알 수 있을 테니까. 그래도 안 되면… 그땐 그때 가서 포기해도 괜찮지.' 방법을 찾기 시작했습니다.

'선한 영향력을 펼치며 함께 배우고 성장하는 사람.' 한 자리에만 머물며 맴돌던 내게 '명확한 목표'는 삶을 방향을 알려주는 나침반이 되었습니다. 흐릿했던 꿈이 길이 되고, 비로소 그 길을 걷기 시작했습니다.

둘째, 응원과 지지를 받을 수 있는, 같은 길을 걷는 사람이 있어야 합니다.

한여름 더위에 지쳐 집으로 돌아오던 날, 문득 생각했죠. '그래, 수영을 배우면 되겠다! 퇴근하고 수영하면 따로 씻을 필요도 없고, 개운하게 잘 수 있겠네.' 집 근처에 수영장이 있는지 알아봤습니다. 길 건너편에 '홍익 수영장'이 있었습니다. 바로 등록했어요. 벌써 이십 년 전 이야기네요.

그때까지만 해도 제가 그렇게 몸치인 줄 몰랐습니다. 처음 발차기를 할 때도 목각인형처럼 삐걱거렸습니다. 폼이 좀 우습긴 했죠. 그래도 뭐 제 눈엔 다들 비슷했으니까 견뎠습니다. 그런데 자유영, 배영, 평영, 접영. 진도가 나갈수록 문제였습니다.

자유영은 언제 숨을 쉬어야 하는지 몰라서 가다 멈추기를 반복했고요. 배영은 열심히 팔을 돌리다 보면 수영장을 사선으로 가로질러 딴 곳에 가 있을 때가 많았습니다. 일명 개구리헤엄이라는 평영은 저보다 강사의 포기가 빨랐습니다.

그럼에도 2년 넘게 다닐 수 있었던 이유를 생각해 보니 함께 배웠던 사람들 덕분이었습니다. 어제보다 낫다, 잘한다, 그만하면 됐다, 이렇게 해봐라, 괜찮다. 강사도 포기한 저를 응원하고 칭찬해 주며 잘 이끌어 주었거든요. 덕분에 지금은 최소한 둥둥 떠다니기는 합니다.

글쓰기도 마찬가지였어요. 잘 쓰는 사람과 비교하면 주눅 들고 포기하고 싶었어요. 하지만 그럴 때마다 함께 글 쓰는 사람들과 서로 응원을 주고받았습니다. 한 줄이라도 쓸 수 있는 용기를 얻었죠. 작가가 되겠다, 글 쓰겠다는 목표에 가까이 다가갈 수 있었습니다.

셋째, 할 수밖에 없는 환경을 만들어야 합니다.

생각에 그칠 때가 많았습니다. 언젠가는 꿈을 이룰 수 있을 거라 막연한 기대, 변화를 원하면서도 행동하지 않았습니다. 시간만 흘려보냈습니다.

2022년 겨울, 기회가 생겼습니다. 글쓰기 공부를 시작하게 된 거죠. 할 수밖에 없는 환경. '공저(공동저서) 프로젝트'에 신청했습니다. 열 명이 글을 써 책 출간하는 공저. 정해진 날짜에 맞게 글을 제출해야 했습니다. 약속에 책임을 져야 했습니다. 다른 작가들에게 피해를 줄 순 없었으니까요. 도전과 결과, 두 마리 토끼를 잡을 수 있었습니다. 의지를 강하게 만들었고요. 다시 시작할 수 있도록 해 주었습니다.

 명확한 목표를 잡는 것, 할 수밖에 없는 환경을 만드는 것, 그리고 같은 길을 걷는 사람들. 목표를 이루는 확률을 높이는 방법입니다. 결국 해내는 사람이 되었죠. 작지만 성공 경험이 차곡차곡 쌓일수록 한발, 한발, 앞으로 나아갔습니다. 글 쓰는 것도 목표를 이루는 것과 비슷합니다. **무엇보다 중요한 건 바로 '자기 신뢰'였습니다.** 나는 할 수 있습니다. 나는 해내는 사람입니다. 하늘도 스스로 돕는 자를 돕는다는 말처럼, 나를 응원하는 '내'가 되기를 바랍니다.

8. _____ 마음에 담는 것과 행동하는 것

"기부? 그런 건 돈 많은 사람이나 하는 거지. 나는 가진 게 없어서 나눌 것도 없어. 지금 사는 것도 빠듯한데, 지금 내 코가 석 자야."

가진 게 없는 사람, 남을 도울 수 없는 부족한 사람이었습니다. 경제적으로도 넉넉하지 못했지만, 마음의 여유도 없었죠. 늘 부족하다고 생각하니 타인의 시선에 더 예민하게 반응했습니다. 줄 수 없으니 받으려는 생각도 안 했죠. 안 주고 안 받기가 오히려 마음 편했습니다.

책 읽고, 글쓰기를 한 덕에 생각이 달라졌습니다. 욕심을 버리고, 부정적인 생각을 버렸죠. 빈자리에 감사하는 마음을 차곡차곡 채웠습니다. 나쁜 생각을 비우고 좋은 것으로 채우는 과정은 저를 또 한 번 성장하게 했습니다.

직장에 다닐 때 그저 '맡은 일 완벽하게 잘하는 사람이 되고 싶다.'란 생각을 했습니다. 인정욕구가 있다는 건 몰랐습니다. 마음의 소리에 귀 기울이고 '나'를 공부하면서 알게 되었습니다.

어렸을 때 할머니께 손이 야물지 못하다는 말을 자주 들었습니다. 그래서 그런지 작은 일에도 실수하면 안 된다는 생각에 늘 긴장했습니다. 초, 중, 고등학교에서 심리집단프로그램이라도 진행할라치면 종일 바빴습니다. 물품을 확인하고 또 하고, 노트북 자료를 보고 또 보고. '마우스는 챙겼나, 벌써 챙겼지. 프레젠테이션은? 아까 해 봤잖아. 포인터는? 가방에 넣었지. 배터리는 충전했고, PPT 잘 넘어갔고. 파일은 제대로 있었지? 삭제 안 했으니 어디 안 가지⋯⋯.' 걱정으로 가득 차 있었습니다.

누군가 잘한다고 말하면 잠깐은 좋았지만 부담스러웠어요. 더 잘하라는 뜻으로 받아들였거든요. '절대! 절대! 실수하면 안 돼.'라는 강박에 웃을 수 없었습니다.

마음이 힘든 일을 그만하고 싶었습니다. 무조건 잘해야 한다는 욕심을 버렸습니다. 인정받고 싶은 욕구도 버렸고요. 안 된다, 못 한다는 생각도 안 하기로 했습니다. 쉽지 않았죠. '괜찮아. 이젠 다 잊었어.' 하는 순간 도로 제자리. 생각하지 않으려고 노력할수록 더 집착했습니다.

방법을 바꿔보기로 했습니다. 비우기 어렵다면 먼저 채워 보기로 했죠. 비우는 것보다 쉽게 느껴졌습니다. 하나씩 채우고 나면 기분도 좋았어요. 기분이 좋으니 자꾸 반복하게 됐죠. 좋은 기분을 오래도록 유지하는 게 중요하다는 걸 깨달았습니다.

지금부터 부정적인 생각을 비우고 긍정적인 생각으로 채울 수 있었던 세 가지 방법을 말씀드릴게요.

첫째, 환경 바꾸기

현관에서 신발 신는 게 힘들었습니다. 귀찮다는 말을 입에 달고 살았죠. 익숙한 공간, 집이 편했습니다. 배고플 땐 먹고, 눕고 싶을 땐 눕고. 이리저리 뒹굴다가 졸리면 잠자고. 누구 눈치 볼 것 없었으니까요.

그런데 정작 끝내야 할 일을 자꾸 미루게 되는 거예요. 편해도 너무 편했던 거죠. 저는 약간의 강제성이 있어야 움직이는 사람이었어요. 그런데 자극이 없으니 미루는 습관이 다시 나타나기 시작한 거죠.

귀찮다 생각하지 말고 언제든 나갈 수 있도록 필요한 것을 미리 챙겨 두었습니다. 약속도 일부러 만들었어요. 약속 시간보다 한두 시간쯤 일찍 나가 일했습니다. 어떤 날은 책도 읽었어요. 미리 나가는 것에 점점 재미가 붙었습니다. 작고 소소한 일이지만 무언가 해냈다는 뿌듯함도 느꼈습니다.

재미있고, 기분이 좋은 일. 시키지 않아도 자주 하게 됩니다. 요즘엔 자연스러운 일상이 되었습니다.

둘째, 드라이브하기

15년 장롱면허였습니다. 늦게 시작한 운전이 적성에 맞았습니다. 재미있었어요. 작지만 완벽한 혼자만의 공간이라 더 좋았습니다. 그런데 목적지가 없으니, 나가는 게 쉽지는 않았습니다. 그래서 충청남도에 있는 독립책방을 가보기로 했습니다.

혼자 가기도 했고요. 친정엄마와 여행하듯 함께 가기도 했습니다. 또 어떤 날은 같이 글을 쓰는 작가와 동행하기도 했죠. 공주, 당진, 아산, 천안……. 곳곳에 숨은 예쁘고 아담한 책방. 볼수록 갈수록 '나도 이런 책방하고 싶다.'란 꿈이 생겼죠.

집에 돌아오면 블로그와 인스타에 짧은 글 한 편 올립니다. 사진도 공유하고요. 추억도 쌓았습니다. 오래오래 책방 여행자가 하고 싶다는 생각, 오늘도 내 작은 책방에 문을 여는 꿈을 꿉니다.

셋째, 배우고 깨달은 것 나누기

2023년 4월 '자이언트 북 컨설팅 인증 라이팅 코치'가 되었습니다. 공동저서와 전자책을 출간한 작가도 되었죠. 저처럼 작가의 꿈을 갖고 있는 사람이나 글을 쓰고 싶은 사람들을 돕고자 코치가 되었습니다. 배운 그대로 무료 특강을 진행하고 있습니다. 잘할 수 있을까 긴장됐습니다. 아무도 오지 않으면 어쩌나 걱정했습니다. 욕심이 커질수록 더 떨렸죠.

1년이 지나면서 조금씩 마음이 편안해졌습니다. 실수해도 괜찮다고 다독입니다. 내가 배운 좋은 것들을 나눌 수 있다는 사실에 감사합니다. 이런 마음이 저를 더욱 단단하게 만듭니다.

불안했고, 두렵고, 흔들렸습니다. 부정적인 마음을 없애려 애쓸수록 더 집착하게 됐습니다. 애써 비우지 않기로 했습니다. '어차피 사라지지 않을 거라면 차라리 좋은 걸로 채워 보자.' 결심했죠. 의식적으로 노력했습니다.

환경을 바꿔보고, 드라이브하고, 배우고 느낀 것들을 나눴습니다. 나를 응원해 주는 사람들과 대화하고, 독서 모임에 참여하고, 그림을 그리며 시간을 보내기도 했습니다.

낯선 일에 도전하는 것, 생각보다 재미있었습니다. 반복할수록 즐거웠지요. 하고 싶은 일이 있다면 도전해 보는 것, 나를 채우는 하나의 방법이라는 걸 깨달았습니다. **생각이 행동을 만들고 행동이 삶을 변화시킵니다.** 모두 내가 할 수 있는 선택입니다. 그래서 오늘도 나는 행복하기로 선택했습니다.

마음에 담는 하루 한 줄

"우리가 누구든, 어떤 길을 걸어가든, 우리가 내딛는 한 걸음 한 걸음이 그 자체로 의미가 있습니다."

출발이 늦어도, 방향이 다르더라도 괜찮습니다. 지금 내딛는 이 한 걸음이 결국 나의 길이 될 테니까요.

— 필 스터츠, 『필 스터츠의 내면강화』를 읽고

처음 책을 읽기 시작하는 당신에게

여러 장르의 책을 함께 펼쳐보세요. 지루할 틈이 없습니다.

표지와 목차를 꼼꼼하게 확인합니다. 책의 내용을 미리 짐작할 수 있습니다.

하찮은 목표를 설정합니다. 하루 5분! 무엇이든 부담 없이 시작할 수 있습니다.

완독을 목표로 하지 마세요. 포기하면 어떤가요. 다시 읽으면 됩니다.

손에 닿을 수 있는 곳에 책을 놓습니다. 눈에서 멀어지면 마음에서 멀어질 수 있으니까요.

끌리는 문장 하나만 소리 내어 읽어요. 감정을 더 깊이 느낄 수 있습니다.

한 페이지라도 읽은 나를 칭찬해 주세요. 나는 이미 멋진 독서가입니다.

제 2 장

슬로우 리딩:
느리게 읽고 깊게 이해하기

슬로우 리딩은 문장을 '지나치는' 게 아닙니다.
문장에 '머무는' 일입니다.

1. _____ 급한 마음 내려놓기

쨍그랑!

"뭐야, 또 뭘 깨뜨렸어?"

"아니야, 아무것도."

'이현주! 뭐가 그렇게 급해. 좀 천천히 해.'

컵 몇 개 닦는 데도 집중이 안 됐어요. 뭔지 모를 불안한 마음. 두근두근 심장이 울립니다. 미끄러지는 그릇을 꼭 쥐었습니다.

벌써 몇 개째인지……. 바닥에 떨어져 산산조각이 난 컵을 본 후에야 정신을 차렸습니다. 쪼그리고 앉아 깨진 유리 조각을 하나하나 주웠어요. 얼굴이 벌겋게 달아올랐죠. 싱크대를 두 손으로 잡고 몸을 바로 세웠습니다.

'그대로 멈춰라.' 눈을 감고 숨을 크게 쉬었습니다. 아무 일도 일어나지 않아. 불안해하지도 말고, 걱정하지도 말고. 마음속으로 숫자를 셌습니다. 하나, 둘, 셋, 넷. 후우…….

일에는 순서가 있습니다. 해야 할 일이 많다면 우선순위를 정해야 합니다. 사소한 일도 마찬가지죠. 급할수록 돌아가라는 말, 불안하고 걱정될수록 신중하게 생각하고 행동해야 한다는 것을 배웁니다.

부재중 전화나 문자가 오면 마음이 급해집니다. 운전 중에도 통화를 시도하거나 신호에 걸리면 바로 답했습니다. 이메일도 마찬가지였지요. 상대방을 기다리게 하는 건 예의가 아니라고 생각했거든요. 최대한 빨리빨리! 연락하지 못할 상황일 때면 좌불안석이었죠. 괜히 안 좋은 일이 일어날 거란 상상을 했습니다. '무슨 일이지, 뭐 때문에 전화했을까.'

상상한 일은 일어나지 않았습니다. 대부분 안부 전화였지요. '내가 또 쓸데없는 생각을 했네.' 별것 아니라는 걸 확인한 후에야 마음이 놓였습니다.

시원한 물 한 잔을 들고 식탁 의자에 앉았어요. 아빠를 닮은 내가 보였습니다. 친정 아빠는 성격이 급했어요. 시키는 일, 조금만 늦어도 불같이 화를 냈죠. 아빠가 집에 있는 날이면, 우리는 모두 외줄 타는 광대 같았습니다. 억지웃음에 긴장된 몸, 불안한 마음을 숨길 수 없었습니다.

"기차 화통을 삶아 먹었나. 왜 저렇게 소리를 질러. 지랄하네. 지랄을 해."

아들이 소리치는 건 엄마도 듣기 싫었나 봅니다. 아빠를 바라보며 들리지 않을 만큼 작은 목소리로 친할머니가 말했어요. 그때를 생각만 해도 심장이 두근거립니다. 잘못한 일 없어도 혼났고요. 작은 실수도 용납하지 않았습니다. 아빠 말이 곧 법이었죠.

친아빠가 아닐지도 모른다는 생각도 했어요. 혼내는 게 일상이고, 혼나는 게 일이었죠. 피할 수 없는 태풍이었습니다.

중학교 2학년 때였어요. 엄마에게 이혼하라고 했어요. 왜 아빠 같은 사람하고 결혼했냐고 막말을 했습니다. 술에 취하면 언어폭력뿐 아니라 엄마를 때리기도 했거든요. 참기만 하는 엄마가 바보 같았습니다. 그런 엄마가 더 미웠어요.

성인이 되어도 똑같았습니다. 집에 있기 싫었죠. 주말엔 어떻게든 약속을 만들었습니다. 어둑어둑할 때쯤 공중전화기에 동전을 넣었습니다. 집 전화번호 누르고 신호음이 울리면 괜히 손이 차가워졌어요. 아빠가 받으면 놀라 얼른 전화를 얼른 끊었습니다. 그때부터였을까요. 무슨 일이든 빨리빨리 급하게 서두르는 버릇, 실수하면 안 된다는 생각에 몸이 경직됐습니다.

마흔이 넘어서야 종종거리는 마음을 내려놓기로 결심했습니다. 결심한다고 쉽게 바뀌진 않겠지만 쓸데없는 걱정으로 불안해하는 것보단 낫겠지 생각했습니다.

다른 사람들은 마음에 경고음이 울리면 어떻게 할까 궁금했어요. 이유 없이 불안할 때, 마음이 급해질 때, 생각이 많아 머리가 복잡할 때 등등. 다행인지 불행인지 저와 비슷한 사람이 많았어요. 다양한 방법들을 찾을 수 있었습니다. 그중 나에게 맞는 세 가지 방법을 찾았어요.

호흡, 걷기, 그림 그리기입니다. 부정적인 생각, 불안한 생각은 한번 비집고 들어오면 끝이 없었습니다. 계속해서 어두운 동굴 속으로 들어갔죠. 그만해야지 하면서도 멈출 수가 없었습니다. 일단 무조건, 멈추는 게 중요했어요.

첫 번째, 호흡

상담 공부를 하면서 호흡법을 배웠습니다. 의자에 앉아 허리를 곧게 펴고 자세를 바로 했습니다. 두 발을 바닥에 고정하고 눈을 감았어요. 들이쉬는 숨과 내쉬는 숨, 호흡에 집중했습니다. 다른 사람들에 비해 숨이 짧다는 것도 알게 되었습니다. 억지로 길게 쉬려고 하니 헉헉거렸습니다. 힘들었죠. 스트레스가 될 것 같았어요. 그냥 할 수 있는 만큼만 했습니다. 반복하니 호흡도 점점 길어졌습니다. 매일 하던 호흡법, 지금은 2, 3일에 한 번쯤 합니다.

두 번째, 걷기

집순이였습니다. 외출하는 게 귀찮았어요. 한 번 나가면 미루어 두었던 볼 일을 숙제하듯 해치우고 집으로 돌아왔습니다. 만나는 사람도 매번 비슷하고, 그날이 그날인 날들, 그저 그런 하루를 보냈습니다. 가끔 뭐 재미있는 일 없나, 왜 이렇게 사는 게 똑같은지 투덜댔어요.

네이버 밴드에 '천안 걷기'를 검색했습니다. 집 근처 '축구센터 걷기' 모임이 나오더라고요. 가입했지요. 정해진 요일, 정해진 시간, 일주일에 한두 번 만나서 함께 걸었습니다. 비슷한 연령대 사람들을 사귀고 사는 이야기도 나

났죠. 차를 타고 스치듯 지나던 풍경을 감상할 수 있는 여유도 생겼습니다.

마지막으로 그림 그리기

색다른 취미를 갖고 싶었어요. 악기도 배우고 싶었지만 자신이 없었습니다. 어반 스케치를 선택했어요. 대학에서 디자인을 전공했습니다. 같은 그림이니까 도전할 수 있었습니다. 배울수록 재미있습니다. 일주일에 한 번, 두 시간이 금방 지나갑니다. 이렇게 재미있는 걸 왜 이제 시작했을까 하는 생각이 들 정도입니다. 매주 금요일이 기다려집니다.

가장 먼저 '나'입니다

완벽하지 않아도, 조금 느려도 괜찮습니다. 우리는 지금 각자의 속도로 잘 살아내고 있으니까요. 마음이 조급할수록 나를 먼저 돌아봐야 합니다. 무엇이 나를 불안하게 만드는지 잠시 멈춰 나에게 물어보는 시간이 필요합니다. 일도, 공부도, 관계도 마찬가지입니다.

지금도 충분히 괜찮다는 다정한 위로가 필요합니다. 독서도 같습니다. 이제 더는 스스로 몰아세우지 않습니다. 지금의 내 모습을 이해하고 받아들이는 일이 중요하다는 걸 알게 되었거든요. **결국, 우리가 놓치지 않아야 할 가장 중요한 것은 '나'입니다.** 오늘도 급한 마음 내려놓고, 나에게 조금 더 다정하게 이야기합니다. '지금 이 정도면 충분해! 잘하고 있어.'

2. ──────────────── 깊이를 만드는 문장 독서

띠리릭 띠리릭 띠리리리릭!

눈을 번쩍 떴습니다. 6시? 망했다. 5분만, 5분만 더 하다가 결국 늦잠을 잤습니다. 이불을 발로 차고 벌떡 일어났어요. 남편과 아이들이 깰까, 불도 켜지 못했습니다. 한 손으로 벽을 짚고 화장실로 갔습니다. 반쯤 감긴 눈으로 거울을 봤어요. 정신을 차리려고 찬물을 틀었습니다. 아직은 손끝이 시립니다. 대충 고양이 세수를 했지요. 눈에 보이는 옷을 챙겨 입었습니다. 조용히 운동화를 신고 현관문을 열었습니다.

"독서 모임 가?"

남편에게 고개를 끄덕이며 들리지 않을 소리로 다녀온다고 말했습니다. 집을 나서니 마음이 더 급해졌어요. 엘리베이터는 왜 이렇게 늦게 올라오는지, 차는 또 왜 이렇게 멀리 주차한 건지. 하나부터 열까지 마음에 들지 않습니다. 운전대를 잡고 시동을 걸었죠. 동트기 전 어둑어둑한 도로를 신나게 달렸습니다. 회사에 도착해 사무실 문을 열고, 강의실 불을 켰습니다. 독서 모임 참석 인원수에 맞게 책상과 의자를 정리했어요. 어제 퇴근하면서 산 빵과 바나나, 초코칩 과자를 가방에서 꺼냈습니다. 종이 접시에 보기 좋게 놓았습니다. 정리를 마친 후 마음에 드는 자리에 앉았습니다.

일주일에 한 권, 책을 다 읽지 못하면 어김없이 죄책감이 밀려왔습니다. 근무하는 사무실을 이용하는 게 아니라면, 내가 문을 열고 준비해야 하는 사람이 아니었다면, 아마도 자주 모임에 빠졌을지도 모릅니다. 뜨거운 커피 한 잔을 타서 자리에 앉았습니다. 한 장이라도 더 읽으려고 책을 펼쳤죠.

그날도 그랬습니다. 토론이 시작되고, 차례가 다가올수록 긴장됐어요. 아무렇지 않은 듯 말하고 싶었는데, 쉽지 않았죠. 머릿속은 하얘졌고, 기억나는 문장은 없었습니다.

조심스럽게 입을 열었습니다.

"저 이번 주, 책 다 못 읽어서……."

시간 없다, 바쁘다는 말을 달고 살았습니다. 책은 읽어야겠고, 완독은 부담스러웠죠. 꼭 읽어야 한다는 의무감과 안 읽으면 어떠냐는 생각이 서로 싸웠습니다. 방법을 바꿔야 했죠.

어떻게 하면 즐거운 독서를 할 수 있을지. 문득 떠오른 생각, '독서는 완행열차다.' 지나가는 역마다 천천히 정차하며 창밖의 풍경을 음미하는 것. 글을 곱씹고, 문장에 멈추고, 작가의 숨은 의도를 찾는 여행.

내가 원하는 독서는 이런 방식이라는 걸 깨달았습니다.

소설은 처음부터 끝까지 순서대로 읽어야 흐름을 알 수 있습니다. 하지만 그 외의 책들은 대부분 목차를 보고 읽고 싶은 부분을 먼저 읽어도 무방합니다. 주로 읽었던 책들이 에세이나 자기 계발서였거든요.

책의 제목과 목차, 작가 프로필을 꼼꼼히 읽었습니다. 들어가는 글을 보고 저자가 이 책을 통해 독자에게 전하고 싶은 말이 무엇인지, 나는 어떤 것을 얻어 갈 것인지 살폈습니다. 핵심 내용을 파악하려 했지요. 전보다 꼼꼼하게 읽었습니다. 끌리는 문장을 만나면 잠시 멈추어 생각하는 시간도 가졌습니다. 완독의 부담을 없애니 책이 더 가까이 다가왔습니다. 천천히 읽는다고, 읽고 싶은 부분만 읽는다고 뭐라고 하는 사람은 없습니다. 덕분에 독서를 즐길 수 있었습니다.

실행하지 않는 독서는 닫힌 문이다

내가 읽는 방법이 문장 독서인지도 몰랐습니다. 그저 완독이 부담스러워 읽는 방법을 달리 한 것뿐입니다. 그것이 책과 가까워지는 기회가 되었죠. 물론 글 쓸 때도 도움이 되었습니다. 이것뿐 아니라 긍정적인 생각도 할 수 있었습니다. 제가 경험한 변화에 대해 정리해 봤습니다.

첫째, 책의 내용이 기억에 남는다는 것입니다.

문장 독서를 하기 전에는 책장을 넘기는 수준이었습니다. 수박 겉핥기였죠. 책 내용은 고사하고, 제목과 저자도 가물가물했습니다. 기억력이 문제라고 생각했는데요. 문장 독서를 하자 그 문제가 어느 정도 해결이 되었습니다. 책의 내용이 조금씩 떠올랐습니다. 물론 완벽하진 않았지만요.

둘째, 다양한 표현과 어휘력을 배울 수 있었습니다.

예전에는 책을 그냥 훑고 지나갔어요. 아무리 재미있게 읽은 책이라도 다른 사람에게 전달하기 어려웠습니다. 문장 읽기를 하면서 글쓰기에 도움이 되는 것은 물론이고요. '표현이 풍부해졌다.'란 말도 듣게 되었어요. 어른은 단어를 골라 쓰는 사람이라는 문구가 떠오르는데요. 아마도 책의 느낌을 잘 전달하려고 문장에 집중한 덕분이라는 생각을 합니다.

셋째, 마음의 여유가 생기니 전보다 다양한 책을 읽을 수 있게 되었습니다.

학창 시절, 책 한 권 읽지 않았습니다. 독서 모임을 시작하고 나서도 글자를 읽는 게 힘들었습니다. 이해되지 않는 부분도 많았지요. 문해력이 부족하다는 걸 느꼈습니다.

그런데 문장 독서를 하면서 달라졌어요. 잠시 멈추어 생각하는 시간도 갖게 되었고요. 책의 여백에 생각이나 느낌을 메모했습니다. 천천히 내 속도에 맞춰 읽는 법을 배우게 된 것입니다. 덕분에 시간도, 마음도 여유가 생겼죠. 무엇보다 그 과정을 통해 '책 편식'을 없앨 수 있었습니다.

문장 독서를 하면서 집중력이 좋아졌습니다. 부담스럽기만 했던 독서는 이제 할 만한, 즐거운 일이 되었죠. 돌아보니 거창한 계획이 필요한 건 아니었습니다. 몇 년, 몇십 년 앞을 내다보는 대단한 각오도, 고난과 시련을 이겨내는 굳은 결심도 아니었죠.

그저 하루 5분, 단 한 장이라도 읽는 것. 작고 소소한 일을 꾸준히 실천하는 **마음이 전부였습니다.** 세상을 바꾸는 데 작은 나비의 날갯짓이 필요했다면, 제 성장에 필요한 것은 문장 읽기였습니다. **좋은 습관을 만들고 지속하는 것, 그것이 변화와 성장의 지름길이라는 걸 깨달았습니다.**

마음에 담는 하루 한 줄

"좋은 독자가 결국 좋은 작가가 된다."

나를 닮은 글, 글을 닮은 나. 결국 글쓰기는 나와 마주하는 용기입니다.

– 정여울, 『끝까지 쓰는 용기』를 읽고

---

3. ──────────── 부담 없이 술술 읽는 독서법

1988년, 고등학교에 입학했습니다. 중학교 때 상위권을 유지했던 성적은 고등학교에서 시험을 볼 때마다 떨어졌어요. 그럼에도 '마음만 먹으면 언제든지 다시 올라갈 수 있지.'라고 근거 없는 자신감이 있었습니다. 중요한 것을 놓치고 있었죠. 마음먹는다는 게 얼마나 어려운 일인지 그때는 몰랐습니다.

호기롭게 시작한 일들도 마무리를 맺지 못했습니다. 밥 먹듯 포기했거든요. 하나에 집중하거나 몰두한 적 없었습니다. 당연히 원하는 결과도 얻을 수 없었죠. '모든 일은 마음먹기 나름'이란 말이 있는데요. 결과를 만들어 내는 건 마음이 아니라 인내와 끈기라는 걸 뒤늦게 알았습니다.

'부모는 자녀의 거울이다.' 입버릇처럼 말했어요. 아이들에게 좋은 습관을 길러주고 싶었어요. 마침 회사에서 시작한 독서 모임 책 읽는 엄마를 보면 아이들도 자연스럽게 책과 가까워질 거라고 기대했습니다. 그렇게 시작한 독서에 점점 빠져들었습니다.

어느 일요일 아침, 아이들과 함께 밥을 먹고 식탁을 정리했습니다. 반찬통을 차곡차곡 냉장고에 넣었습니다. 빈 그릇을 씻기 위해 고무장갑을 꼈습니다. 그때 정음이가 다가와 조용히 저를 불렀어요. 고개를 돌려 딸을 바라봤지요.

"엄마, 나는 엄마가 이렇게 계속 책 읽을 줄 몰랐어. 하다가 그만둘 줄 알았거든."

그러고는 대단하다고 엄지손을 치켜듭니다. 그때까지도 아이들은 책에 관심을 보이지 않았어요. 저는 속으로 저것들이 언제쯤 책을 읽을까, 생각했지만 표현하지는 않았어요. '언젠가는 애들도 책 읽겠지.'라고 속으로 말했죠. 아이들을 바라보는 것처럼, 아이들도 저를 보고 있었나 봐요.

정음이가 방으로 들어가며 한마디 더 합니다.

"엄마, 그래도 난 책 안 읽을 거야."

피식 웃음이 나왔습니다. 고개를 끄덕이며 읽고 싶을 때 언제든 읽으라고 했습니다.

"현주야, 너 정말 달라졌다. 어떻게 그렇게 변했어? 부럽다. 나도 책 읽으면 달라질까?"

사람들에 둘러싸여 환하게 웃는 모습을 상상했습니다. 기분 좋았죠. 성공한 사람들은 모두 책을 읽는다고 했으니 내가 성공하는 것도 시간문제라고 생각했습니다.

'하고 싶은 것을, 하고 싶을 때, 하고 싶은 만큼 할 수 있는 것'이 바로 나의 성공 기준입니다. 시간 관계없이, 돈 걱정 없이, 자유를 누리는 사람이 되고 싶습니다. 책을 읽고 있으니, 지금과는 다른 삶을 살게 될 거라고 기대했습니다.

놀라운 변화를 원했습니다. 인정받고 싶었고요. 달라진 내 모습에 사람들 눈이 휘둥그레지는 반응도 경험하고 싶었죠. 천 권은 읽어야 달라진다고 했습니다. 마음이 급했습니다.

지름길을 알고 싶었죠. 어떻게 하면 원하는 결과를 빨리 얻을 수 있을지 비법을 찾고 싶었어요. 하지만 시간이 너무 더디게 갔습니다. 급히 먹는 밥이 체한다고 원하는 결과는커녕 책에 대한 흥미만 점점 줄었습니다.

"물은 100℃에서 끓는다."

변하지 않는 진리입니다. 내가 지금 90℃라면? 혹시 99℃라면? 그동안 읽었던 책, 지금과 다른 삶을 원했던 마음. 이 모든 게 안개처럼 사라질 것 같았습니다. 헛된 노력, 물거품이 된다는 생각에 정신이 번쩍 들었어요. 다시 책을 집어 들었습니다. 이렇게 또 그만둘 순 없었으니까요.

매일 꾸준히, 그러나 조급해하지 않기

꾸준히 읽어야 한다는 게 문제였습니다. 다른 사람들은 어떻게 책을 읽고 있는지 블로그나 인스타, 페이스북에 검색했지요. 독서 모임에 참여하는 사람들에게 묻기도 했습니다.

눈에 보이는 선명한 목표가 있다면 쉽게 포기하지는 않을 것 같았습니다. 그렇게 만든 야심 찬 목표 '1년에 백 권 읽기'였습니다. 2019년에 백일곱 권의 책을 읽었습니다. 그러곤 2020년 서른여덟 권, 2021년 서른네 권, 2022년 스물네 권. 해를 거듭할수록 독서량은 줄었죠. 백 권 읽기 목표가 무색할 정도로 턱없이 부족했습니다. 난 역시 이것밖에 안 되나 싶어 자책했습니다. 다시 예전으로 돌아간 것 같았어요. 게으르고, 할 줄 아는 것 없는 부족한 나는 출구 없는 미로에 빠져 헤매고 있었습니다.

'양보다 질' 백 권 읽겠다는 목표를 지웠습니다. 단 한 줄이라도 매일 꾸준히 읽자고 마음먹었죠. 다양한 사람들의 다양한 독서 방법, 그중 제가 실행하고 있는 세 가지를 소개합니다.

첫째, 하루 10분 독서. 타이머를 맞춥니다. 처음엔 핸드폰 알람을 설정했습니다. 그러다 구글 타이머를 알게 되었습니다. 시간이 줄어드는 게 보입니다. 눈으로 확인할 수 있어요. 시각적인 자극이 있어 좋습니다. **둘째, 한 문장을 발췌하고 블로그에 정리하기.** 책의 제목과 저자, 어떤 문장에 밑줄을 그었는지, 이유가 무엇인지를 썼습니다. 기억하기에 좋고요. 짧지만 매일 글쓰기 연습할 수 있었습니다. 특히 독서 노트를 작성해야 한다는 부담감은 줄어서 좋았습니다. **셋째, 한 번에 서너 권, 다양한 분야의 책 읽기.** 시, 소설, 자기 계발, 에세이 가리지 않습니다. 한 권만 읽는 것보다 지루하지 않아 좋습니다. 번갈아 읽는 것은 또 다른 성취감도 주었습니다.

모르면 오해하기 쉽고요, 알면 이해할 수 있게 됩니다. 잘 이해하기 위해서는 자주 만나는 것도 중요하죠. 마음속 이야기를 편하게 꺼낼 수 있어야 하고요. 관심을 가져야 합니다. 서로가 배려하고 존중하면 좋은 관계를 유지할 수 있습니다. 대화가 통하는 사람이라면 자주 만나고 싶습니다.

책을 읽는 것도 같다고 생각합니다. 오래도록 꾸준히 잘 만날 수 있는 관계로 만들어야 합니다. 관계를 유지할 다양한 방법도 찾아보고요. 어떻게 하면 더 친하게 지낼 수 있을까 요리조리 궁리도 해 봐야죠. 그러면서 나에게 가장 잘 맞는 독서법을 찾는 것도 중요하죠. 책을 읽는 것은 마음을 이해해 주는 좋은 인연을 만난 기분입니다.

마음에 담는 하루 한 줄

"바르지 않은 생각으로 바른말을 할 수 없고, 어긋난 말로 바른 생각을 전할 수 없다는 것."

생각과 말이 일치하는 글, 독자의 마음을 움직일 수 있습니다.

— 이승우, 「고요한 읽기」를 읽고

4. _____   생각하는 힘이 생기다

"현명한 사람은 생각한 것을 말하고, 어리석은 사람은 말한 것을 생각한다."

― 공자

　가끔 생각 없이 말하고 행동했습니다. 상황이 종료되고 난 후 돌아보면 후회가 잦았죠. 아주 소소한 일에서부터 제법 중요한 일까지, 곤란했던 적이 한두 번이 아니었습니다. 특히 누군가의 부탁을 거절하기 힘듭니다. 생각하지 않고 무조건 돕겠다고 말하고 걱정하는 일이 많았어요. 좋은 마음으로 시작한 일이었지만 나중엔 감당할 수 없는 일도 벌어졌죠. 약속을 지키지 못해 제가 사과해야 하는 상황이 일어나기도 했습니다.

　한 번 뱉은 말, 주워 담을 수 없습니다. 습관으로 자리 잡은 행동도 수정하기 어렵죠. 말과 행동엔 책임이 따릅니다. 한 번 더 생각하고 약속하는 것, 과속으로 인한 사고를 미리 방지할 수 있도록 만든 도로의 방지턱 같습니다.

"야! 이제 그만해. 이만큼 사과했으면 됐지. 뭘 얼마나 더 하냐."

고등학교 2학년, 무용 선생님이 중간고사 시험 대신 팀별 과제를 냈습니다. 팀원은 일곱 명. 창작 무용을 만들어 발표하는 과제였어요. 우선 음악을 정하기로 했습니다. 정해진 음악에 맞춰 동작을 만들고, 연습을 해 3주 후 발표, 발표 시간은 10분입니다. 쉬는 시간마다 한자리에 모였습니다. 어떤 음악으로 할지 의견을 나눴죠. 쉽지 않았죠. 각자 취향이 있고 좋아하는 음악이 달랐거든요. 의견이 분분했습니다. 시간을 맞추는 것부터가 문제였어요. 수업을 마치고 학원에 다니는 친구들이 많았거든요. 그나마 학원에 다니지 않았던 제가 여유가 있었습니다. 내일까지 각자 좋아하는 음악 찾아오자고 했습니다. 가능하면 테이프를 들고 와 함께 들어보기로 했죠. 동작은 음악을 결정한 후에 생각해 보기로 했고요.

집에 돌아와 밥도 안 먹고 음악을 듣기 시작했습니다. 라디오 방송에서 듣고 좋아하게 된 '드보르자크 교향곡 9번 〈신세계에서〉 4악장' 테이프를 챙겼습니다. 다음날 집에 있는 미니 카세트를 들고 학교로 갔습니다.

저를 포함해 세 명이 음악을 찾아왔어요. 친구들에게 음악을 들려주는데 은근히 긴장되는 거예요. 나머지 네 명은 학원 과제로 시간이 없었다고 미안해했습니다. 그러곤 들려주는 음악에 웃음 섞인 목소리로 돌아가며 한마디씩 했습니다. 마치 평가받는 기분이 들었습니다. 마음이 상했죠. 그 후에 바쁜 친구들을 제하고 두세 명이 틈나는 대로 모여 동작을 만들었습니다.

제2장 슬로우 리딩: 느리게 읽고 깊게 이해하기

이만하면 됐다, 더는 못하겠다고 말하고 친구들의 의견을 듣고 수정하기로 했습니다.

수업을 마치고 친구들을 불러 모았어요. 교실 귀퉁이에서 연습한 동작을 보여주었습니다. 쑥스러웠죠. 그런데 또 웃으며 장난처럼 던지는 말, 이건 이래서 안 좋고, 저건 저래서 힘들다는 이야기. 얼굴이 붉어졌습니다. 급히 수정했습니다. 학원에 다니는 친구들은 꼭 외워 올 테니 걱정하지 말라는 약속을 했습니다. 다 같이 모여 동작을 맞추는 연습은 엄두도 못 냈죠. 발표일이 코앞으로 다가왔어요. 이틀 전, 처음으로 모두 모여 동작을 맞춰보았습니다. 움직이는 방향이 틀려 순식간에 우왕좌왕했어요. 어색한 손짓과 발짓을 보는 순간 화가 났습니다. 발표일이 코앞인데 말이죠. 과제는 같이 하는 거지, 누구는 하고 누구는 안 하고 이게 뭐냐는 짜증 섞인 말을 내뱉었습니다. 웃으며 사과하는 친구의 말이 핑계로 들렸어요. 계속 굳어 있는 저를 보며 친구도 결국 화냈습니다. 연습하는 동안 내내 불편했어요. 아무 말도 하지 않았습니다. 어색한 분위기를 풀어 보려고 노력하는 친구들을 보니 미안한 마음이 들었습니다.

'조금 더 참아 볼걸.' 생각했지만 표현하는 게 쉽지 않았어요. 다행히 발표는 무사히 마칠 수 있었어요. 그렇게 아쉬운 시간이 지나갔습니다.

짧은 시간의 힘을 믿자

우연히 들른 알라딘 중고 서점에서 『3초간』이라는 책을 발견했습니다. 제목과 표지에 적힌 문구가 눈길을 끌었지요. '3초' 그 짧은 찰나의 시간. 어떤 말이나 행동하기 전에, 단 3초라도 멈추어 생각하는 일이 얼마나 중요한지를 이야기합니다. 저자 데이비드 폴 레이는, 그 짧은 시간이 앞으로 일어날 결과에 큰 영향을 미칠 수 있다고 했습니다.

'3초 동안 뭘 얼마나 깊은 생각을 할 수 있다고.' 책을 덮었습니다. 하지만 그 말이 자꾸 떠올랐습니다. 곰곰이 생각했죠. 나는 그 짧은 '3초'도 멈춰 생각해 본 적 있었나. 돌이켜보니, 없었습니다. 누군가의 말이나 행동에 곧바로 반응했고요. 감정이 앞섰고, 생각은 언제나 나중이었습니다.

문득, *'자극과 반응 사이에 생각할 수 있는 시간이 있다. 우리는 그것을 선택할 수 있다.'* 바로 그 '사이'가 3초일지도 모르겠다고 생각했습니다.

요즘은 반응하지 않고 의식적으로 멈추려 노력합니다. 쉽지 않지만 반복해 연습합니다. 때로는 사람들이 제게 말했어요. 느리다, 생각이 많다, 답답하다고요. 가끔은 딸도 급한 목소리로 말합니다.

"엄마! 내가 물어봤잖아. 내일 몇 시에 갈 건지."

"정음아, 잠깐만 기다려 봐. 엄마 지금 생각하고 있어."

우리는 눈을 뜨는 순간부터 잠들 때까지 수많은 선택을 합니다. 사소한 선택들이 모여 하루가 되고, 그 하루하루가 쌓여 인생이 되지요.

'순간의 선택이 평생을 좌우한다.'란 광고 문구가 떠오르는데요. 예전에는 몰랐습니다. 그런 하찮은 일들이 삶에 영향을 준다고 생각하지 않았으니까요. 별것 아닌 일이라고 무시했죠. 하지만 글공부하며 깨닫게 되었습니다. **'지금의 나는, 과거의 내가 한 선택의 결과다.'라는 것을요.**

가볍게 넘겼던 순간들을 떠올립니다. 아쉽습니다. 더 이상 후회로 아까운 시간을 흘려보내지 않으려고 합니다. 남을 탓하기 전에 나를 돌아봅니다.

'반응하기 전에, 한 번 더 생각하자.'란 말은 삶의 중요한 태도가 되었습니다. 생각도 반복하면 습관이 되고, 습관이 결국 나를 만드는 거죠. **우리가 하는 선택이 미래의 나를 만든다면, 지금 나는 어떤 선택을 해야 할까요.**

마음에 담는 하루 한 줄

"싫은 일은 "싫다"고 말할 수 있어야 좋은 일에 "좋다"고 말할 수 있고 제대로 거절할 수 있어야 제대로 선택할 수 있다."

글을 쓸 때마다 과거의 선택들이 떠오릅니다. 글쓰기는 지난 나를 마주 보는 거울입니다.

— 이민규, 『실행이 답이다』를 읽고

5. ───────────── 슬로우 리딩으로 발견한 일상

'좋은 말'은 당신을 새로 태어나게 한다.
'좋은 글'은 당신의 일상을 특별하게 해 준다.

『20대에 하지 않으면 안될 50가지』란 책으로 베스트셀러 1위에 올랐던 작가, 나카타니 아키히로가 한 말입니다. 저는 이 문장을 히스이 고타로의 『하루 한 줄 행복』에서 발견했어요.

책의 첫 문장입니다. 밑줄 긋고, 별까지 그렸죠. 책에서 작가가 하고 싶은 말은 무엇일까 생각해 보았습니다. 내 생각이나 느낌은 중요하지 않다고 여겼어요. 오직 작가의 의도만 파악하려고 애썼지요.

언젠가 필사한다면 첫 번째 책이 생텍쥐페리의 『어린 왕자』가 될 거라고 생각했습니다. 드디어 2019년 10월 필사를 했습니다. 『어린 왕자』는 여러 번 반복해 읽은 책입니다. 내용을 다 알고 있다고 생각했죠. 그런데도 손으로 한 줄 한 줄 쓰니 읽을 때와는 완전히 다른 느낌이었습니다. '이런 문장이 있었나?' 할 정도로 새로웠죠.

눈으로 읽을 땐 문장을 끝까지 읽지 않았어요. 대충 넘겼죠. 하지만 필사는 다릅니다. 천천히 소리 내어 읽고, 꾹꾹 눌러 노트에 한 문장, 한 문장 옮겨 적었지요. 마치 생텍쥐페리가 옆에서 하는 말을 그대로 받아쓰는 듯한 기분이 들었습니다. 『어린 왕자』와 더 가까워졌습니다.

한 달 전 걷기 모임에 가입했습니다. 처음 만나는 날, 약속 시간보다 30분 일찍 도착했습니다. 6차선 대로변에 있는 공원, 수십 번 지나다녔는데요. 공원이 있는 걸 몰랐습니다.

5월, 쌍용공원엔 장미 터널도 있었고 공연을 할 수 있는 작은 무대도 있었습니다. 공원 의자에 앉아 있는 사람도 보였어요. 커다란 나무 아래에 섰습니다. 고개를 들어 하늘을 보니 초록 잎이 반짝입니다. 의자에 앉았습니다. 엉덩이가 따끈했습니다. 갖고 간 책을 펼쳤습니다.

핸드폰 진동이 울립니다. 공원에 도착했는지 묻는 전화였지요. 정자 아래에 모여 있으니 어서 오라고 합니다. 알겠다고 대답하고 자리에서 일어났습니다.

그런데 아무리 걸어도 정자가 보이지 않는 거예요. 당황했습니다. 전화해 물었죠. 설명을 들으니 반대 방향으로 걷고 있었습니다. 정자는 공원 입구 오른쪽에 있었는데 말이죠. 핸드폰을 귀에 대고 반갑게 손을 흔들고 있는 사람이 보였습니다. 저도 자연스럽게 손을 흔들어 인사했습니다. 첫 만남입니다. 비슷한 또래 여자 넷, 쉽게 친해질 수 있었습니다.

"어머, 이게 무슨 책이에요? 한번 봐도 돼요?"

걷기에서 독서로, 주제가 바뀌었습니다. 결혼 전에는 책을 읽었는데 아이들 키우느라 멀어졌다, 아이 어렸을 땐 도서관 다니면서 동화책 읽기 모임에 참여했었다, 지금은 무슨 책을 어떻게 읽어야 할지 모르겠다, 한 시간을 이야기했습니다. 독서 모임을 해 보자고 말하기에 언제든 좋다고 했습니다.

6월 13일 목요일 오후 3시. 즐거운 독서란 의미로 '스마일 리딩'이란 이름을 지었습니다. 첫 번째 진행하는 책은 『탈무드』였죠. 온라인으로 중고 책을 구매했습니다. 생각보다 얇은 두께가 마음에 들었습니다. 차 안에 두고 틈틈이 읽었어요. 어려운 단어 없이 술술 잘 읽혔습니다.

짧은 글이지만 생각할 거리가 많았어요. '세상에서 가장 위대한 이야기, 삶의 지혜'란 표지 글처럼 지금 현실과 잘 맞았습니다. 특히 인간관계나 마음 챙김에 대한 문장은 읽을 때마다 고개를 끄덕였습니다.

책과 일상을 연결합니다. 자연스럽게 떠오르는 지난 경험들. 마치 작가는 '내 상황을 보고 쓴 글'이란 착각이 들 정도로 콕 집어 이야기합니다. 문장이 나에게 하고 싶은 말이 있는 것 같은 느낌이 들 때가 많습니다. 책 속에 답이 있다는 말, 괜한 말은 아니라 생각합니다.

삶이 글이 되고, 글이 삶이 된다

"삶이 주는 가장 큰 선물은 사랑이며, 가장 큰 기쁨은 그 사랑을 베푸는

일이다.˝

토니 로빈스의 『거인이 보낸 편지』에 나온 문장입니다. 이 문장은 사랑에 대해 생각하게 만듭니다.

세상엔 다양한 종류의 사랑이 있다고 생각합니다. 제가 생각하는 사랑은 가족입니다. 특히 아이들은 나의 세상을 달라지게 만들었고, 삶의 의미와 가치를 고민하게 했습니다. 조금 더 나은 '엄마'로 성장하고 싶다는 욕구를 갖게 했으니까요. 아이들에게 집중하다 보니 남편은 관심 밖이었죠.

한 달 전쯤이었어요. 평소와 다름없이 현관문을 열면서 뒤도 안 돌아보고 다녀온다고 말하는 남편. 그날따라 뒷모습이 종일 떠오릅니다. 평소엔 그러려니 지나쳤던 얼굴도 떠올랐습니다.

햇볕에 그을린 까만 얼굴, 깊은 이마 주름, 굵은 손가락 마디, 절반 이상을 뒤덮은 흰 머리카락. 괜히 코끝이 찡했습니다. 사랑해서 결혼했지만 시간 지나면 전우 같은 존재란 우스운 농담도 떠올랐습니다.

그리고 보니 서로 다정하게 안아 주었던 때가 언제였는지 기억도 나질 않습니다. 이미 다 성장한 아이들은 지금도 안고 뽀뽀하고 사랑한다고 하면서 남편에겐 잘 다녀오란 말도 불퉁하게 했습니다. 어색하고 쑥스럽지만, 더 늦기 전에 표현해야겠다고 마음먹었습니다.

회사에 다녀온다고 평소처럼 말하며 씩 웃는 남편, 저도 덩달아 웃음이 납니다.

제법 자연스러워진 '안아 주기'가 별것 아니라 생각했는데요. 많이 달라졌습니다. 부끄러워하던 남편도 먼저 팔 벌려 안을 준비를 합니다. 말로는 얼른 안기라고, 빨리 나가야 한다고 합니다. 무심한 듯 툭 던지는 말이지만, 눈은 이미 반달입니다.

책 속 글은 단순한 문장이 아닙니다. 그 안에는 작가의 인생과 사랑, 고민과 성장이 고스란히 담겨 있습니다. 문장에 삶이 있고, 일상이 녹아 있습니다. 마음에 드는 문장을 만나면 잠시 멈추어 나를 돌아봅니다. 용기를 얻기도 합니다. 말과 글은 그렇게 조금씩 천천히 제 삶을 바꾸어 놓습니다.

오늘도 책 속 문장을 따라 하루를 살아갑니다. 더 나은 삶을 위해 좋은 글, 좋은 문장을 더 자주 만나야겠습니다.

"많이 넘어질 거야. 자전거를 배우는 유일한 방법이야. 넘어지는 걸 무서워하지 마."

넘어지고 까지고, 다치고 굴러야 비로소 진짜 뛰는 법을 알게 됩니다.

— 이은대, 『일상과 문장 사이』를 읽고

6. _____ 그림책을 만나다

2023년 6월, 본격적인 더위가 시작된 것도 아닌데 땀이 흐릅니다. 베란다 창고 문을 열었어요. 비닐로 꽁꽁 싸 둔 선풍기를 꺼냈습니다. 지난 3월 코로나에 걸리면서 시작된 갱년기. 가만히 있어도 얼굴에 열이 오릅니다. 더울 땐 도서관이 최고죠. 전기세 걱정 없이 시원한 에어컨 바람을 종일 쐴 수 있으니까요. 서둘러 가방을 챙겼습니다. 집에서 차를 타고 10여 분 거리에 있는 두정도서관으로 갔습니다.

이번 주 독서 모임에서 진행하는 책은 『거울속으로』와 『그림자놀이』입니다. 도서관 입구 오른편에 어린이 자료실이 있습니다. 안으로 들어가니 어린이 자료실답게 작고 귀여운 책상과 의자가 보입니다. 몇몇 아이들이 엄마와 함께 책을 읽고 있습니다. 가까운 검색대로 갔습니다. 책 제목을 검색하니 두 권 다 있네요.

알록달록한 형형색색 그림책이 가득한 책꽂이. 재미있는 제목도 많습니다. 길쭉한 모양, 둥근 모양 등 다양한 크기의 그림책을 보니 책은 네모반듯

해야 한다는 편견이 와장창 깨졌습니다. 시장 구경 온 사람처럼 서가를 천천히 둘러봤습니다. 그리고 책 두 권을 찾아 대여한 후 조용히 밖으로 나왔어요.

다른 책보다 세로로 두 배는 더 길쭉한 『거울속으로』는 마치 책이 거울처럼 보입니다. 책 속에 거울이 있습니다. 나를 바라보는 나, 다른 사람에게는 어떻게 보일지. 마음속 어린아이를 떠올렸습니다.

책을 덮고 화장대 거울을 바라봤어요. 제 얼굴이 보입니다. 뚫어지게 쳐다봤습니다. 중앙에서 약간 오른쪽에 있는 가르마, 단정히 넘긴 짙은 갈색 머리칼, 다른 사람들에 비해 시원하게 넓은 이마. 숱이 적은 눈썹 그 아래로 갈색 눈동자. 신기하게 두 눈을 한 번에 다 볼 수는 없었어요. 한 번에 한쪽 눈만 볼 수 있었습니다. 눈동자를 가만히 쳐다봤어요. 처음 만나는 사람처럼 낯설고 어색합니다. 분명 매일 보는 얼굴인데 다르게 보입니다. 거울 속에는 절 닮은 사람이 있었습니다.

"현주야, 안녕?"

말을 걸어 봤어요. 제가 웃으니 거울 속 저도 웃습니다. 내가 저렇게 생겼었나. 거울 속 내 모습이 정말 내 모습인지 의문이 생겼습니다. 나는 다른 사람을 볼 수는 있지만 나를 볼 수 없잖아요. 거울을 통해서만 볼 수 있는 내 모습이 진실인지 궁금했습니다. 그림책처럼 또 다른 세계가 거울 속에 존재하는 건 아닌지. 한참을 말없이 바라봤습니다. 얼굴 하나하나 세심하게 살펴보는 건 처음입니다. 갑자기 응원의 말을 해 주고 싶었습니다.

"잘하고 있어. 너무 걱정하지 마!"

거울 속에 있는 내 눈이 빨갛게 충혈됩니다. 독서 모임이 아니라면 읽을 일도 없었고, 빌릴 일도 없을 거예요. 아이들 어렸을 때 겨우 몇 권 읽었습니다. 어른이 되어 다시 만난 그림책은 말과 글이 넘쳐나는 세상에 쉼표 같았습니다.

동심으로 바라본 일상은 놀라움으로 가득한 동화

『거울속으로』와 반대로 가로가 긴 『그림자놀이』, 두 권 모두 이수지 작가 책입니다. 책 제목을 읽었을 때 피식 웃음이 나왔습니다. 어렸을 때 자주 했던 손가락 그림자놀이가 생각났거든요. 까맣게 잊고 지냈던 추억이 떠올랐습니다.

아빠는 해외 건설 노동자였습니다. 제가 다섯 살쯤이라고 기억합니다. 10여 년 떨어져 살다가 중학교 때 집으로 돌아왔습니다. 그동안 엄마가 집안 모든 일을 책임졌습니다. 고만고만한 아이들 셋, 말도 안 들었다는 말씀을 자주 했어요. 더운 나라에서 힘들게 일해서 번 돈, 매달 아빠가 보내준 월급을 어떻게든 목돈으로 만들어 보겠다고 애쓰셨습니다. 당시엔 은행에 적금을 넣기보다 계를 많이 했다고 합니다. 은행보다 빨리 목돈을 만들 수 있어서 그랬다고요. 부업도 하고 곗돈도 걷으러 다니고, 가끔 집에 늦게 들어오는 날도 있었죠. 당시엔 저녁 8시도 불빛 하나 없어 밤이라고 느꼈습니다.

그런 날이면 잠근 방문을 서너 번 확인한 후에야 이불을 펴고 누웠습니다. 무서웠어요. 그래도 내가 첫째인데 동생들 돌봐야 한다는 생각에 무섭지 않은 척했습니다. 왜 그때는 엄마가 오기 전에 동생들을 재워야 한다고 생각했는지. 아마도 엄마에게 잘했다는 칭찬이 듣고 싶었나 봐요.

"이거 봐봐. 이렇게 하면 그림자가 생기는 거야. 신기하지? 동물이야. 뭔지 맞춰봐."

이불 속 꼼지락거리며 잡았던 두 손을 꺼냈습니다. 창으로 들어오는 가로등을 빛 삼아 손가락으로 그림자를 만들었죠. 무슨 동물인지 도통 모르겠다는 동생들의 머리를 아프지 않게 콩콩 쥐어박았습니다. 이것도 모르냐고 타박했어요. 꽤 잘 만들었다고 생각했거든요. 몇 번 하고 나면 저절로 눈이 감겼습니다.

엄마가 올 때까지 기다려야 하는데, 무거운 눈꺼풀은 들릴 줄 몰랐죠. 무슨 그림잔지 맞추지 못한 동생들 덕분에 흥미를 잃었습니다. 그림자놀이는 며칠 만에 그만두었습니다.

형광등 불빛에 그때 만들었던 그림자 동물을 다시 만들어 봤지요.

"훈민아! 정음아! 저기 봐. 그림자 보이지? 무슨 동물 같아?"

"……개……?"

"야, 저게 어떻게 개야? 귀도 쫑긋하지, 입도 길쭉하지. 늑대지, 늑대!"

거실 소파에 누워 핸드폰을 만지작거리던 아이들은 심드렁합니다. 그게 그거지 뭐가 다르냐는 뚱한 표정으로 저를 쳐다봤어요. 다르다고, 개가 아니고 늑대라고 다시 한번 잘 보라고 말했죠.

그림책은 아이들만 보는 줄 알았습니다. 글보다 그림이 많다는 이유로 가볍게 여겼습니다. 그런데 읽다 보니 생각이 달라졌어요. **말과 글이 넘치는 세상, 오히려 그림이 더 깊게 다가왔어요. 생각할 시간을 만들어 주었죠. 책 내용에 따라 내면을 살펴보고 스스로 질문하는 기회를 얻을 수 있었습니다.**

책장을 하나, 둘, 넘기며 그림을 따라갑니다. 숨겨진 내 마음이 보입니다. 꼭 말과 글이 아니어도 괜찮다는 걸 알게 되었지요. 잊고 있던 추억과 그때의 감정이 떠올랐습니다. 어떤 말보다 더 진하게 마음을 울립니다.

이제는 도서관에 가면 자연스럽게 그림책을 둘러봅니다. 잠시 멈추어 서서 나를 돌아보죠. 고요하고 따뜻한, 잊고 지냈던 시간을 그 안에서 다시 만날 수 있었습니다.

마음에 담는 하루 한 줄

행복은 바라는 대로 주어지는 게 아니라 노력과 의지로 맺는 열매 같은 것이라는 걸 나는 여행을 통해 알게 되었기 때문이다.

매일 쓰는 글 한 줄이 '행복을 찾는 나침반'이 되었습니다.

— 조승리, 『이 지랄맞음이 쌓여 축제가 되겠지』를 읽고

7. _____ 책 속에서 길을 찾다

"이현주, 내일 죽는다면 가장 후회되는 일이 뭐야?"

2022년 1월, 이 질문 하나로 삶의 목표와 의미, 가치를 찾게 되었습니다.

우왕좌왕, 흔들흔들, 이리저리. 지난 삶을 돌아보면 떠오르는 말입니다. 얼기설기 엉성한 그물로는 물고기를 잡기 어렵습니다. 촘촘하고 질긴 그물에 물고기가 걸리는 법이죠. 중요한 것은 남기고 버릴 수 있는 것은 버리는 선택과 결정, 중요합니다. 세월 지나면 당연히 바라던 삶을 살게 될 거라고. 의심하지 않았죠. 도대체 누가 나를 그렇게 만들어 준다는 건지, 말도 안 되는 생각을 했습니다. 그땐 그랬습니다.

매일 최선을 다해 열심히 산다고 생각했는데 나아지는 게 없었죠. 넉넉하지 못한 집안 탓, 남편 탓, 공부하지 않고 팽팽 놀았던 과거 탓, 끝이 없었습니다.

매일 같은 사람을 만나고, 비슷한 이야기를 주고받는 일상이 반복됐습니다. 그게 전부인 줄 알았어요. 그런 삶이 꼭 나쁘다고 말하고 싶은 건 아닙니다. 내가 만족스럽다고 느낀다면 괜찮은 거죠. 그런데 저는 행복하지 않았습니다. 시간이 지날수록 답답했지요.

"뭐라도 해야지. 다람쥐 쳇바퀴 돌 듯 계속 이렇게 살 수는 없잖아."

없던 용기도 긁어모았습니다. 보험회사 콜센터 사원 모집에 지원했습니다. 전화로 보험상품을 판매하는 일이었어요. 재미있었습니다. 설명을 듣고 보험에 가입하는 사람들이 있다는 게 신기했지요. 하나라도 계약하는 날이면 기분이 절로 좋아졌고요. 모든 게 잘 풀리는 듯했죠. 며칠째 계약이 없을 때면 집 안 분위기까지 살얼음판처럼 차가워졌습니다.

1년쯤 지났을 때 회사에서 건강검진을 받았습니다. 긴장한 동료들에게 별일 없을 거라 말하며 웃었습니다. 그런데 정작 저만 재검사가 필요하다는 결과가 나왔습니다. 간에는 물혹이, 쓸개엔 담석이 발견됐죠. 큰 병원에 가보라는 말에 심장이 쿵쾅거렸습니다.

가까운 단국대학교 병원에 예약했습니다. 아침부터 시작한 검사는 오후 4시가 넘어서야 끝이 났어요. 검사만 했을 뿐인데 긴장과 피로로 기운이 빠졌습니다. 겉으론 괜찮을 거야 웃었지만, 속은 까맣게 탔습니다. 나쁜 생각하지 말자고 수십 번 다짐했습니다.

일주일 후 결과를 말하는 의사의 얼굴이 뿌옇게 흐려졌습니다.

"빨리 수술하지 않으면 언제고 터질 거예요. 그러면 위험합니다. 지금 바로 수술하는 게 좋습니다."

보험회사에 근무한 덕에 보험에 가입했습니다. 보험금을 받을 수 있다는 것이 다행이었죠. 남편과 상의 후 수술 일정을 잡았습니다. 어려운 수술이 아니라곤 하지만 겁이 났어요. 수술대에 올랐을 땐 아이들이 보고 싶었어요. 무사히 수술을 마치고 병실로 이동했습니다. 혼자 있는 시간, 다시 회사로 돌아갈 생각을 하니 내키지 않았어요. 뿌듯하지도 즐겁지도 않은 그 일을 계속할 자신이 없었습니다. 언젠가는 그만 둘 거라고 생각했거든요. 결국 건강을 핑계로 퇴사했습니다.

그 후 2년 동안 하고 싶은 일을 찾느라, 돈 많이 벌 수 있는 일, 오래도록 할 수 있는 일을 찾느라 헤매고 또 헤맸습니다.

내 길을 찾기 위해서는 먼저 헤매는 법을 배워야 한다

많은 사람이 책 속에 길이 있다고 합니다. 또, 책을 읽으면 성장한다는 말도 하고요. 저도 변화하고 싶었습니다. 더 나은 사람이 되고 싶었죠. 내 길을 찾고 싶었습니다.

독서를 시작한 지 올해 10년이 되었습니다. 이렇게 오랫동안 책을 읽을 거라고는 생각하지 못했어요. 가끔 스스로 머리를 쓰다듬어 줄 정도로 뿌듯합니다.

다른 사람의 말에 이리저리 흔들리고, 작은 문제에도 우왕좌왕했던 제가 조금씩 달라졌습니다. 마음이 점점 단단해졌고요. 그 과정에서 삶의 기준과 목표도 자연스럽게 찾을 수 있게 되었습니다.

목표를 이루려면 어디로 가야 할지 방향도 알게 되었지요. 다양한 문제에 대한 해법도 찾을 수 있게 되었습니다.

환경이 달라진 건 아닙니다. 돈을 많이 벌어 일하지 않고도 살 수 있는 것도 아닙니다. 인간관계에서 생긴 문제가 다 사라진 것도 아니죠. 하지만 일어나는 모든 일의 책임이 저에게 있다는 것을 깨닫게 되면서 마음이 편안해졌습니다. 다른 사람에게 기대하지 않아도 되었고요. 무언가를 해 주기 바라며 기다릴 필요는 더욱 없다는 걸 깨달았습니다. 오직 나만 잘하면 된다는 것을 알았죠.

책 속에 길이 있습니다. 이리저리 흔들려도 마음만 단단하다면 제자리로 돌아올 수 있습니다. 제가 찾은 길에 대해 말씀드리고 싶습니다.

첫째, 내가 하고 싶은 일을 찾았습니다.

"하고 싶다. 언젠가는 해야지. 기회가 된다면, 할 수 있다면."

입으로는 말하면서도 행동으로 옮기지 못했습니다. 스스로 핑곗거리를 만들었죠. 서른이 되고 마흔이 되어도 별다른 감정이 없었습니다. 모두 그렇게 살아가는 거라 여겼기 때문이죠.

오십이 되면서 더는 후회하고 싶지 않겠다고 다짐했습니다. 그때 떠올랐습니다. 제가 정말 하고 싶었던 단 한 가지, '내 이름으로 된 책을 쓰는 일'이었습니다. 어쩌면 책을 읽었기 때문에 찾을 수 있었던 목표였습니다.

둘째, 내가 하고 싶은 일을 하는 사람들을 만났습니다.

SNS, 네이버, 유튜브를 뒤졌습니다. 주변 사람들에게 물었다면 더 쉽게 방법을 찾았을지도 모릅니다. 하지만 묻지 않았습니다. 제 목표를 누군가에게 말할 자신이 없었거든요. 반복된 실패와 작심삼일의 후유증 때문입니다.

그러던 중 '이은대 자이언트 북 컨설팅'의 책 쓰기 무료 특강을 듣고 신청했습니다. 출간한 작가가 많다는 이야기에 마음이 움직였습니다. 눈에 보이는 숫자에 놀랐습니다. 다른 사람이 했다면 나도 할 수 있다는 용기가 생겼습니다. 그렇게 첫발을 떼었습니다.

셋째, 내 삶의 경험을 나누기로 했습니다.

"내 삶을 글에 담아 세상을 이롭게 하는 책을 펴낸다."

이은대 대표는 수업 때마다 이 말을 반복했습니다. 세상을 이롭게 하는 글, 다른 사람을 돕는 글, 내 경험이 누군가에게 반드시 도움이 된다는 말. 의심에서 확신으로 생각이 달라졌습니다. 태도가 바뀌었지요. 내가 도움을 받은 것처럼, 평범한 내 삶도 누군가에겐 도움이 될 수 있을 거라는 기대. 사람들에게 선한 영향을 주고 싶다는 마음도 품게 되었습니다. 그 안에서 삶의 의미와 가치를 찾게 되었습니다.

작가이자 라이팅 코치로 살고 있습니다. 글을 쓰고 싶지만 어디서부터 어떻게 시작해야 할지 막막한 사람, 작가의 꿈을 품고 있는 사람들에게 길잡이가 되고 싶습니다.

넘어져도 괜찮습니다. 흔들려도 괜찮아요. 중요한 건, 나만의 길을 찾고 내 속도로 꾸준히 걸어가는 법을 배우는 일입니다. 삶이 글이 되고, 글이 책이 됩니다. 누군가에게 도움이 되길 바라는 마음으로 오늘도 한 줄 한 줄 글을 써 내려갑니다.

결코 쉽거나 만만한 길이 아닙니다. 하지만 함께 걷는다면 멀리 갈 수 있습니다. 다른 사람을 돕는, 의미 있는 길. 그 길을 함께 걷자고 조심스레 손 내밀어 봅니다. 책 속에서 길을 찾았던 저처럼, 이 글을 통해 당신도 당신만의 길을 발견하게 되기를 진심으로 바랍니다.

8. _____ 멈추는 시간을 선물하다

"아프니까 알겠더라고. 현주야, 다 필요 없어. 건강이 최고야."

언니 K는 저보다 두 살 많았습니다. 남편과 동갑이지요. 직장에서 팀장과 사원으로 만나 친해졌습니다. 같이 근무한 지 1년 되었을 때, 경력을 인정받을 수 있는 사회복지 일을 하겠다고 퇴사했습니다. 그래도 매주 독서 모임에 참여해 자주 볼 수 있었습니다. 다른 건 몰라도 독서 모임만큼은 빠지지 않으려 애썼으니까요. 바쁜 일이 있는지 몇 주 전부터 모임에 나오지 않았습니다.

가끔 연락을 주고받긴 했어요. 평소에 여행도 자주 다니고 인기도 좋아서 그저 바쁜가 보다 했습니다. 두어 달 후쯤 언니에게서 전화가 왔습니다.

반가운 목소리로 전화를 받았습니다. 요즘 뭐 하는지 물었지요. 그런데 유방암 1기로 항암 치료를 받고 있다는 언니의 말에 심장이 덜컥 내려앉았습니다.

그때 저는 직업상담사로 하루하루 바쁘게 일했습니다. 토요일도 없었죠. 직업상담사는 취업을 희망하는 사람들의 취업 활동을 돕습니다. 직업 흥미 검사를 통해 개인의 적성과 흥미를 알아봅니다. 이왕이면 흥미도 있고 경력도 인정받을 수 있는 곳, 원하는 곳에 취업할 수 있도록 안내합니다. 같이 일하는 동료는 여섯 명. 사무실 문이 쉴 새 없이 열리고 닫혔습니다. 지역, 성별, 성격, 경력이 다양했습니다. 상담 중에는 내담자가 하는 말을 놓치지 않으려 애썼습니다. 가끔 개인 사정으로 약속을 미루는 내담자들도 있었고요. 연락이 안 되는 내담자를 기다리다가 그냥 퇴근하는 때도 있었죠.

내담자가 배정되면 담당 직업상담사가 관리합니다. 상담 건수에 따라 돈을 받는 건 아니었어요. 내담자가 많다는 건 할 일이 많다는 뜻이고요. 할 일이 많다는 건 주말에도 일해야 한다는 뜻이었습니다.

급여를 더 받으려면 경력이 중요했습니다. 그만큼 상담 건수가 중요했지요. 경력이 없는 저는 한 사람이라도 더 상담하려고 했습니다. 토요 근무도 마다하지 않았죠.

연말 회의, 전 직원 모인 곳에서 실적을 발표했습니다. 회의 자료에 있는 숫자를 보고 놀랐습니다. 가장 초보인 제가 두 번째로 상담 인원이 많았습니다. 근무한 지 단 4개월 만에 약 80명의 내담자를 관리했거든요. 의자에 앉아 미소를 지으며 허리를 쭉 폈습니다.

다음 해 8월부터, 한 달에 한 번 제주도로 출장을 갔습니다. '성실 프로그램'이라고 구직을 원하는 중장년을 위한 프로그램을 진행했어요. 일요일 저녁에 제주도 도착. 월요일부터 금요일까지 프로그램을 진행했습니다. 집 떠나 혼자 저녁을 먹고 낯선 곳에서 잠을 자는 그 시간이 유독 길게 느껴졌습니다. 금요일 저녁이 되면 택시를 타고 공항으로 갔어요. 그렇게 서둘러도 밤 11시가 되어서야 집에 도착했어요. 처음 하는 강의라 준비할 것도 많았죠. 밤늦게까지 자료를 확인했습니다. 거울을 보고 연습도 했지요.

  제주도는 여행만 가봤지, 출장은 처음이었습니다. 제주도에 도착해 숙소로 이동하는 것부터 혼자 저녁을 먹는 것, 낯선 잠자리 모두 어색했습니다. 출장에서 돌아오면 긴장이 풀려 잠만 잤습니다. 낮에도 정신을 차리지 못해 아이들도 남편도 투덜댔지요.

  11월 제법 쌀쌀해진 바람에 옷을 단단히 여몄습니다. 공항에 도착해 짐을 부치고 게이트 앞 의자에 기대어 앉았어요. 눈을 감고 막 잠들려 할 때, 뜨끈한 액체가 오른쪽 코에서 주룩 흘렀습니다. 급한 마음에 우선 손등으로 훔치고 코를 꼭 쥐었습니다. 옆에 앉은 아주머니가 얼른 가방에서 휴지를 꺼내 제 손에 쥐여 주었습니다. 목을 타고 넘어가는 코피에 고맙단 말도 못 했습니다. 눈빛으로, 고갯짓으로 인사했습니다. 가까운 화장실로 달려갔어요. 다행히 검은색 옷을 입고 있어서 핏물이 보이진 않았습니다. 대충 얼굴과 손을 닦았습니다. 화장실 변기 뚜껑을 닫고 그 위에 털썩 주저앉았지요. 몸이 보내는 신호를 무시했습니다. 잠시라도 멈추면 그대로 포기하게 될 것 같았거든요.

쉼표, 다시 시작할 용기를 얻다

그날 이후, 더는 욕심부리지 않기로 했습니다. 센터에서 배정하는 내담자만 상담하자 마음먹었어요. 좋아하는 일을 오래 하려면 쉼표가 필요했습니다. '아프니 알겠더라, 건강이 최고다.' K 언니의 말, 생각났습니다. 그래, 오래오래, 여든 살까지 일하고 싶은데 지금 아파서 쓰러지면 안 되지.

간단하지만 몇 가지 바로 실천할 수 있는 나만의 쉼표를 만들기로 했습니다.

첫째, 부득이한 경우를 제외하고는 주말엔 일하지 않는다는 원칙을 세웠습니다. 월요일 사무실에 출근해 일정표를 확인했습니다. 다행히 제주도 출장 다니기 시작하면서 관리하는 내담자가 조금 줄었습니다. 주말에 약속한 내담자에게 한 명, 한 명 전화를 걸었습니다. 주말밖에 안 된다고 했던 내담자도 평일, 가능한 날짜로 일정을 조정했습니다. 마음 편히 쉴 수 있는 주말이 생겼습니다.

둘째, 점심을 먹은 후 사무실 근처 공원을 걷기로 했습니다. 밥을 후루룩 국수 삼키듯 마시고 사무실로 급하게 들어가 서류를 정리했던 습관, 버리기로 했습니다. 식사 후 둘 셋이 이야기하며 걷다 보면 20분이 훌쩍 지나갔습니다. 맛있게 먹은 점심 소화도 시키고, 바람도 즐겼습니다. 오후 시간이 평소보다 집중도 잘 되었습니다. 20분 짧은 산책이지만 마음의 여유가 생겼습니다.

셋째, 책 읽지 못해도 독서 모임은 빠지지 말자고 생각했습니다. 독서 모임은 지친 마음의 쉼표가 되어주었습니다. 책을 읽진 못했어도, 그 자리에 있는 것만으로 위로가 되었거든요.

몇 해 전 이야기입니다. 그렇게 시작한 나만의 쉼표들은 지금도 여전히, 내 삶을 단단하게 지켜주는 버팀목입니다.

죽는 날까지 좋아하는 일을 하고 싶습니다. 그러려면 몸도 마음도 건강해야 합니다.

책을 읽다 보면 문장 부호가 눈에 들어옵니다. 문장 부호는 글의 의미를 또렷하게 전달해 줍니다. 이해를 돕고, 리듬을 만들죠. 문장의 결을 바꾸기도 합니다.

삶도 마찬가지입니다. 멈추는 순간이 있어야, 더 멀리 갈 수 있습니다. 잠깐 쉬어가도 괜찮습니다. 숨을 고르고 다시 걸어가면 됩니다. **일상에 멈추는 쉼표를 선물하세요. 그 쉼표 하나가 우리의 하루를 더 단단하게 만들어 줄 수 있습니다.**

마음에 담는 하루 한 줄

"세상을 보는 방법은 두 가지가 있다. 하나는 아무것도 기적으로 보지 않는 것이고 하나는 모든 것을 기적으로 보는 것이다."

매일 아침 나는 새로운 기적을 만들어 갑니다. 그 이름은 바로 '오늘'입니다.

— 존 크럼볼츠 · 라이언 바비노, 『빠르게 실패하기』를 읽고

어른을 위한 그림책 목록

찰리 맥커시, 『소년과 두더지와 여우와 말』

리디아 브란코비치, 『감정 호텔』, 『감정 서커스』

이수지, 『그림자놀이』, 『거울속으로』

엘리샤 쿠퍼, 『Big Cat, Little Cat』

최아영, 『나의 쓸모』

한강, 『눈물상자』

이순옥, 『틈만 나면』

제 3 장

슬로우 라이팅:
표현하는 글쓰기 훈련

슬로우 라이팅은 '잘 쓰는 글'보다
진짜 '내 글'을 찾는 여정입니다.

1. _____ 문장과 일상을 연결하다

"기억하기 가장 좋은 방법은 감동 받는 것이라고 합니다."
박웅현 작가의 『책은 도끼다』에 나온 문장입니다.

감동, 감동이라……. 기억을 더듬었습니다.
시원한 물을 컵 한가득 따르고 냉장고 문을 닫았습니다. 냉장고에 붙여 둔 편지들이 보입니다. 아이들이 어버이날, 생일날 써준 편지입니다. 편지 옆에는 아이들 어릴 때 놀러 가서 찍은 사진도 붙어 있습니다.
"현주야, 너는 전쟁 나도 걱정 없겠다. 훈민이랑 정음이는 남들이 찾아줄 거야. 남매가 어쩜 이렇게 똑같이 생겼냐. 신기하다."
갑자기 떠오르는 추억에 웃음이 나옵니다.

결혼 전 어린이집, 미술학원, 유치원에서 아이들에게 그림을 가르쳤습니다. 5세부터 초등학교 입학 전 7세까지 아이들이 성장하고 변화하는 모습을 본다는 건 의미 있고 보람 있는 일이었습니다. 특히 해마다 연말이 되면 그동안 배운 것을 전시하고, 공연했습니다. '재롱잔치'라고 불렀죠.

초대장도 만들었습니다. 1년 동안 그린 그림과 고사리 같은 손으로 만든 작품을 전시했고요. 노래에 맞춰 율동을 연습하고, 연극도 준비했습니다. 그날은 아이들 모두 반짝반짝 빛이 났습니다.

2004년 1월 둘째 정음이를 낳았습니다. 훈민이는 다섯 살, 집 근처 어린이집에 등록했습니다.

처음 노란색 봉고차를 타던 날이 생생합니다. 집 앞에서 차를 기다리며 몇 가지 조심해야 할 것에 관해 이야기했습니다. 친구랑 싸우지 말고, 선생님 말씀도 잘 듣고, 물건도 잘 챙기고, 밥도 맛있게 먹고 등등. 하지만 어린이집을 놀러 간다고 생각하는 훈민이 귀에는 아무 말도 들리지 않았을 테지요. 모퉁이를 돌아오는 노란색 버스가 보였습니다. 그저 재미있게 잘 놀고 왔으면 좋겠다고 생각했습니다. 낯선 장소, 낯선 사람들, 적응하지 못하면 어쩌나 걱정했습니다. 쓸데없는 기우였죠. 신이 나서 뒤도 안 돌아보고 차를 타는 훈민이. 노란색 봉고차가 모퉁이를 돌아 사라질 때까지 손을 흔들었습니다. 들리지 않는다는 걸 알면서도 잘 다녀오라고 소리쳤지요. 씩씩하게 잘 가는 아들의 모습, 대견했지만, 왠지 모르게 서운한 마음도 있었습니다.

그렇게 9개월이 지났어요. '벌써 겨울이네.' 할 때쯤 어린이집 가방에서 분홍색 꽃 그림의 '재롱잔치 초대장'을 발견했습니다.

추억이 아름다운 건 지금의 내가 있기 때문이다

저녁 5시 공연 시작입니다. 4시쯤 도착해 가장 잘 보이는 중앙에 자리를 잡았죠. 친정엄마와 여동생도 함께 왔습니다. 남편은 어깨에 카메라를 메고 순서표를 확인하고 있었습니다. 마치 제가 무대에 서는 것처럼 긴장됐어요. 연습 때 잘하던 아이들도 무대에 올라가면 긴장하고 놀랍니다. 눈물을 뚝뚝 흘리며 부모를 찾거나, 혹은 멍하게 서 있는 경우도 종종 있습니다.

드디어 5세 남자아이들 공연이 시작됐습니다. 까만색 중절모를 쓰고, 까만색 양복을 입고, 하얀색 목도리를 하고 허리에 손을 얹은 아이들. 훈민이와 눈이 마주쳤어요. 환호성을 지르며 손을 높이 들었습니다. 우리 쪽을 바라보며 씩 웃습니다. 울진 않으니 다행이란 생각을 했습니다.

드라마 〈야인시대〉 음악이 나옵니다. 신나게 한쪽 다리를 구르며 박자를 맞춥니다. 아이들은 정면에 있는 담임 선생님 동작을 따라 춤을 추기 시작했습니다. 아무것도 모르는 꼬맹이라고 생각했는데요. 어찌나 잘 따라 하는지, 아들에게서 눈 뗄 수 없었습니다. 빙그레 웃으며 씩씩하게 춤을 추는 훈민이. 대견하고 기특했습니다. 옆을 돌아보니 친정엄마, 여동생, 남편까지 눈물을 훔치며 사진을 찍고 있었습니다.

감동은 오래도록 기억에 남는다고 합니다. 내 마음에 남는 누군가처럼, 나는 누군가에게 감동을 준 적이 있을까요? '나는 어떤 사람으로 기억될까.', '나는 어떤 사람으로 기억되고 싶은가.'란 생각도 하게 됩니다. 아이들에게 어떤 엄마로, 부모님에겐 어떤 딸로, 친구들에겐 어떤 친구로, 동료들에겐 어떤 사람으로 기억되고 싶은지도요. 어쩌면 감동은 감정에서 멈추는 게 아니라 마음에 남는 따뜻한 흔적이 아닐까요. 아이가 자라는 모습을 지켜보는 것만으로도, 매일 감동을 선물 받는 듯합니다.

"감동하고 감탄하고 감사하라." 제목은 기억나지 않지만, 문장이 전하는 울림은 오래도록 마음에 남아 있습니다. 매일 감동하고, 감탄하고, 감사하며 살고 싶습니다. 당연하게 여겼던 일상, 이제는 조금 다르게 바라봅니다.

  창을 통해 들어오는 햇살에 빨래가 바싹 마릅니다. 눈을 감은 채 온몸으로 바람을 느끼는 순간, 그저 숨 쉬며 살아가는 오늘이 기적처럼 느껴집니다. 커피 한 잔을 마실 수 있는 여유, 나만의 공간이 있다는 것. 별다른 사건 없이 무탈하게 자라준 아이들, 식탁 위에 보글보글 끓는 된장찌개와 따뜻한 밥 한 공기를 배불리 먹을 수 있다는 것. 이 모든 순간이 귀하고 고맙습니다. 괜히 눈가가 뜨거워집니다. **감동은, 결국 감사에서 나오는 마음 아닐까요.** 언젠가 돌아볼 오늘이, 따뜻하게 기억되길 바랍니다.

마음에 담는 하루 한 줄

"인생의 파도를 만드는 사람은 나 자신이다. 보통의 사람은 남이 만든 파도에 몸을 싣지만 특별한 사람은 내가 만든 파도에 다른 많은 사람들을 태운다."

마음이 열리는 순간, 작고 소소한 일상은 빛이 됩니다.

– 이병률, 『혼자가 혼자에게』를 읽고

2. _____ 세상 모든 것이 글감이다

"와! 답답해 미치겠네. 도대체 뭘 쓰지. 왜 아무것도 생각이 안 나지?"

어떤 글을 써야 할지 몰랐습니다. 초등학교 다닐 때 방학 숙제로 썼던 일기가 글쓰기의 전부였습니다. 아침부터 저녁까지 했던 일을 시간 순서대로 죽 늘어놓는 글이었죠. 엄마 말 잘 들어야겠다, 친구와 사이좋게 놀아야겠다, 숙제 꼬박꼬박해야겠다는 말. 마무리는 언제나 '앞으로 잘해야겠다.'였습니다. 글을 '어떻게' 써야 하는지 아무도 알려주지 않았습니다.

핸드폰으로 간단한 문자를 보내는 것도 부담스러웠습니다. 말하는 그대로 쓸 수도 없고, 맞춤법도 걱정됐지요.

2023년 2월 난생처음 공동저서에 참여했습니다. 오리엔테이션 날 책의 주제를 알게 되었죠. 신청할 땐 자신 있었지만, 주제를 보니 막막했습니다. 어디서부터 어떻게, 어떤 글을 써야 할지 걱정됐어요. 다른 작가에게 피해는 주면 안 된다고 생각했습니다. 어떻게든 주제에 맞는 글감을 찾아야 했죠.

일찌감치 저녁을 먹고 상을 치웠습니다. 평소에 한 봉지만 넣었던 카누 블랙, 두 봉지를 넣고 커피를 탔습니다. 노트북 전원을 켜고 신성한 의식을 치르듯 한글 파일을 열었습니다. '오늘 뭐 했더라.' 방금 한 일도 떠오르지 않았습니다. 분명 여러 가지 일을 했는데 전혀 기억나는 게 없는 거예요. 괜히 커피만 서너 잔 홀짝였습니다.

매주 수요일 '이은대 자이언트 책 쓰기' 수업을 들었습니다. 아는 게 없으니 배워야죠. 처음엔 이해하기 어려웠습니다. 답답했지만 빠지지 않고 들었습니다. 듣다 보니 저처럼 글감이 없다고 고민하는 사람들이 많다는 걸 알았죠. '드디어 고민을 한 번에 해결해 줄 특별한 방법을 알려주겠구나.' 기대했습니다. 몸을 앞으로 당겨 앉았죠. 강사의 말에 집중했습니다. 그런데 뜬금없이 '모든 일상이 글감'이란 말을 하는 겁니다. '아니, 이게 무슨 뚱딴지같은 소리야!'

오늘 무엇을 했는가

직업에 따라 상황에 따라 조금씩 다른 대답을 합니다. 특별한 경험을 이야기하는 사람들도 몇 명 있었습니다. 그럼에도 대부분은 비슷한 일, 공감할 만한 일상을 이야기했습니다. 저런 게 어떻게 글감이 되는지, 믿기지 않았습니다. 오늘 있었던 일을 단어로, 간단한 문장으로 메모했습니다. 그 메모를 문장으로 만들고 그 안에서 독자들에게 전할 메시지를 담아냈어요. 신기했습니다.

'정말 일상이 글감이네.' 강사의 글 솜씨에 입을 다물지 못했죠. 수업을 들으면 들을수록 비슷한 경험들에 고개를 끄덕이게 됐습니다. 나에게도 충분히 일어날 수 있는 일, 과거 언젠가 경험했던 일. 당연히 공감할 수밖에요.

손바닥 크기의 작은 수첩을 꺼냈습니다. 오늘 있었던 일을 그냥 끄적거렸어요. 남편 생일, 미역국, 아이스크림 케이크, 그리고 고모부 문병, 흐린 날씨, 아들 생각, 건강검진 등등.

초보 작가입니다. 완벽한 글은 쓸래야 쓸 수 없습니다. 짧게라도 기록하는 것에 만족하기로 했습니다. 이런저런 생각을 하면서 한 줄, 한 줄 썼어요. 특별한 양식도 없고, 맞춤법이 틀려도 신경 쓰지 않았습니다.

아침부터 저녁까지 있었던 일을 기억나는 대로 죽 늘어놓았습니다. 쓰기 전에는 매일 똑같은 날이라고 생각했었는데요. 종이에 쓰면서 깨달았습니다. 의식하지 않고 무심하게 살았다는 걸 알게 되었죠. 일상이 글감이 된다는 걸 깨닫는 순간, 하루를 대하는 태도와 관점이 달라졌습니다.

나를 이해할수록 삶의 의미와 가치도 찾을 수 있다

아침에 늦게 일어나 허둥지둥 나갈 준비를 합니다. 상담하러 방문한 집에서 코코넛 커피 한 잔 대접받았죠. 뜻밖의 장소에서 주차금지 딱지를 받고 벌금을 냈습니다. 미루고 미루었던 세차를 하고 개운한 마음으로 가볍게 집으로 돌아왔습니다. 전 같으면 아무 생각 없이 지나쳤을 일이죠.

끄적끄적 메모하며 오늘을 기억합니다. 생각보다 하루에 일어난 일들이 많았습니다. 아무것도 안 했다고 생각했는데 그냥 지나친 시간은 없었습니다. 멍하게 앉아 있어도 늘 머릿속은 복잡했지요.

종이에 적어 보니 알겠더라고요. 내 모습이 눈에 그려졌습니다.

"감사하고, 감동하고, 감탄하라."

삶을 풍요롭게 사는 방법이라고 합니다. 그래서 습관처럼 중얼거렸습니다. 소소한 것에도 감사하는 마음이 생겼죠. 작은 일에도 감동하고, 감탄하게 되었습니다. 관심을 갖고 바라보니, 내 주변에 감사하고, 감동하고 감탄할 일이 많았습니다. 웃을 일도 자연스럽게 늘어났어요.

오늘을 무심코 흘려보내지 않는 것, 그것이 바로 글감이 되었습니다. 별 것 아니라고 생각했던 그 순간들, 어제를 살아낸 나의 경험. **모든 건 어떻게 바라보느냐에 달려 있었습니다. 내 삶의 의미와 가치는 결국 내가 부여하는 것이었죠.** 이런 이야기가 누군가의 마음에 닿을 수 있기를 바랍니다. 내 글이 누군가에게 작은 위로가 되고, 하루를 살아낼 힘이 되어준다면 그것만으로 충분합니다. 그런 생각만으로도 마음이 설렙니다.

단 한 사람이라도 나와 같은 설렘을 느낄 수 있다면, 오늘이 내게 그랬듯, 당신의 오늘도 그러하기를 바랍니다.

마음에 담는 하루 한 줄

"당신은 당신이라서 할 수 있다. 모든 두려움은 극복될 것이며, 당신은 결국 날아오를 것이다."

넘어지듯 쓰고, 다시 일어서듯 고칩니다. 그게 글쓰기이고 삶이니까요.

— 김종원, 『내 언어의 한계는 내 세계의 한계이다』를 읽고

3. _____ 슬로우 라이팅을 배우게 해 준 글쓰기 책들

"세상에 이렇게 많은 책이 있다니!"

2016년 독서 모임을 시작하면서 읽는 재미에 빠졌습니다. 수집하듯 책을 모았습니다. 새 책을 사는 즐거움도 좋지만 책값이 부담됐습니다. 주로 중고 책을 구매했어요.

알라딘이라는 중고 서점이 있다는 것을 처음 알게 되었습니다. 신세계였죠. 주말이면 나들이하듯 알라딘으로 갔습니다.

'와! 완전 새 책이네.' 책값에 놀라고 상태에 또 놀랐습니다. 온라인에서는 배송비가 있는데요. 오프라인은 배송비 부담 없이 구매할 수 있어서 좋았습니다. 다만 무거운 책이 부담스러울 뿐이었죠.

2022년 작가가 되고 싶었습니다. 다른 일 하면서도 글은 쓸 수 있다고 생각했어요. 베스트셀러 작가가 되어 경제적인 여유도 얻고 싶었죠. 알라딘에서 글쓰기에 관한 책을 구매했어요. 좋다고 소문난 책을 마구잡이로 사들였습니다.

몇 장 읽다 보면 나와 맞지 않아 책장을 덮기도 했습니다. 반대로 밑줄을 긋고, 스티커 붙이고 책 여백에 작은 글씨로 빼곡히 메모할 정도로 좋은 책도 많았습니다. 그중 하나만 꼽는 건 쉽지 않습니다. 자주 꺼내어 읽는 책, 몇 권을 소개하고자 합니다.

첫 번째 책은 은유 작가의 『쓰기의 말들』입니다.

'안 쓰는 사람이 쓰는 사람이 되는 기적을 위하여'란 부제가 마음에 콕 박혔습니다. 지금까지 글 한 줄 쓰지 않던 나에게 하는 말이었죠. 책을 읽고 글 쓰게 된다면 나도 기적을 만들어 내는 사람이 되는구나, 설렜습니다. 이 책에는 글쓰기로 들어가는 104개의 문장이 소개되어 있습니다. 그중 하나만 꼽는다는 건 불가능에 가깝지만, 그래도 한 문장만 꼽으라면 75번째 문장 **'지옥으로 가는 길은 수많은 부사들로 뒤덮여 있다.'** 란 스티븐 킹의 말입니다.

'부사가 지옥으로 가는 글을 만든다고? 부사를 넣어야지 독자들이 더 잘 이해할 수 있는 거 아니야?' 생각나는 꾸며주는 말 죄다 집어넣고 글을 썼습니다. 재료 본연의 맛을 느낄 수 없도록 MSG를 듬뿍 넣은 음식을 만들고 있었죠. 독자가 이해할 수 없는 글만 쓰고 있었습니다.

잘 쓰지는 못하더라도 지옥으로 가는 건 피하고 싶었습니다. 책을 읽고 끄적이며 써 놓았던 글을 봤죠. 부사가 만발한 정원이었습니다. 여기도 부사, 저기도 부사! 부사 없는 문장을 찾기 어려울 정도였죠. 글 쓰기 공부를 하기 전엔 몰랐습니다. 이젠 무엇을 넣을까보다 무엇을 빼면 좋을까를 고민하게 되었습니다. 지금이라도 깨닫게 되어 다행이라 생각했지요.

글쓰기 스승인 이은대 작가의 『책쓰기』가 두 번째 책입니다.
2023년 3월에 처음 읽었고요. 2025년 3월, 지금은 네 번째 읽고 있습니다. 첫 번째로 책을 읽었을 때의 놀라움이 아직도 생생합니다. '어쩜 이렇게 쉽게 술술 잘 읽힐까.'

사전을 찾아야 할 어려운 단어가 하나도 없습니다. 이해되지 않는 내용도 없습니다. '하루 30분 책 쓰기가 만드는 기적'이란 부제가 있는데요. 하루 30분, 시간을 낸다는 것이 이렇게 어려운 일인 줄은 몰랐습니다. 매일 반복해 무언가를 한다는 것, 좋은 습관을 만들고 유지한다는 건 대단하다는 걸 깨달았습니다. 이 책은 이론뿐 아니라 실천하게 만드는 힘이 있는데요. 책을 읽고 딱 세 가지만 실천해 보기로 했습니다. 간단하게 말씀드리면 **첫째, 지금에 집중하기, 둘째, 시간 활용, 셋째, 한 줄이라도 쓰자.** 란 내용입니다.

몸은 지금, 여기 있는데 마음은 딴생각에 빠져 있었습니다. 집중을 못 했죠. 어제를 후회하고 내일을 걱정하느라 지금을 허투루 보냈습니다. 그런 시간이 쌓이면서 불만도 쌓였어요. 다행히 책 읽고 글 쓰면서 생각도 정리되고 마음도 다잡을 수 있었습니다.

평일 새벽 5시, 글 쓰는 모임을 만들었습니다. 함께 글 쓰는 작가들 덕분에 지금까지 잘 진행하고 있습니다. 곧 200회를 맞이합니다. 이미 성공한 하루를 시작한다는 뿌듯함도 얻었죠. 매일 글 쓰는 습관도 유지하고 있습니다. 특히, 행동하고 지속하면 목표를 이룰 수 있다는 진리를 깨달았습니다.

『책쓰기』 책을 펼칩니다. 일상에서 경험할 수 있는 일, 이미 겪었을지 모를 소소한 일. 울고 웃으며 편하게 읽었습니다. 이런 책, 이런 글 나도 쓰고 싶다는 욕심이 꿈틀댑니다.

세 번째로는 정여울 작가의 『끝까지 쓰는 용기』입니다.

멋진 글을 쓰겠다는 욕심에 빠져 있었습니다. 정작 누구를 위해 쓰는지는 생각하지 않았습니다. 글을 쓰면 누군가는 읽겠지, 막연하게 생각했습니다. 독자를 생각하지 않고 쓴 글은 마치 주인 없는 연애편지 같았습니다. 길을 잃은 글은 산으로 가고 있었습니다.

"사실 어떤 문장을 쓰는 순간 이미 독자들을 선택하고 있는 거예요."라는 문장이 나옵니다. 불특정한 글은 없고, 자신이 쓴 글에 딱 맞는 독자, 자신의 글이 자아내는 분위기에 딱 맞는 독자를 위한 글을 쓴다는 것. 어딘가에 있을 나만의 독자를 위해 좋은 글을 써야겠다는 생각을 했습니다.

좋은 작가가 되기 위해서는 좋은 독자가 먼저 되어야 한다는 말도 기억에 남습니다. 단 한 줄이라도 글을 써 본 사람은 다른 사람의 글을 지적하지 않는다는 말도 떠오르고요. 그 한 줄을 쓰려고 얼마나 여러 번 썼다 지우기를 반복했을지……. 어렴풋이나마 알고 있기 때문입니다. 한 문장 한 문장을 귀하게 여기고 감사하며 읽는 자세, 좋은 글을 쓸 수 있는 작가의 기본이란 생각이 듭니다.

시작은 독서입니다. 좋은 책을 만날 수 있어 감사합니다. 내가 쓰는 모든 문장이 나의 독자를 결정하는 행위라는 작가의 말을 마음에 새기게 됩니다.

초보 작가입니다. 매일 글쓰기 공부합니다. 잘 살아야 잘 쓸 수 있다는 말을 마음에 새기며, 오늘도 최선을 다해 살아내려 애씁니다.

글쓰기 책을 통해 작가의 태도와 독자를 향한 마음을 배웁니다. 해야 할 것과 하지 말아야 할 것을 구분하는 눈도 조금씩 기르고 있습니다.

결국 글쓰기란, 삶을 대하는 태도라는 걸 깨닫습니다. 내가 쓴 문장이 누군가의 마음에 닿는다는 사실만으로도 감사합니다. 내가 썼다면 누구나 다 쓸 수 있습니다. 완벽한 준비보다 중요한 것은, 오늘 단 한 줄 쓰는 것! 지금 읽고 쓴다면 우리는 이미 작가입니다. 한 걸음씩, 천천히. 오늘도 쓰는 사람으로 살아갑니다.

마음에 담는 하루 한 줄

"작가는, 특별한 세상을 찾는 사람이 아니라 평범한 일상에 특별한 의미를 부여하는 사람이다."

평범한 순간을 반짝이게 만드는 힘, 바로 작가의 시선입니다.

— 이은대, 『책쓰기』를 읽고

4. _____ 작가가 되다

2023년 6월 9일 내가 쓴 글이 세상에 나왔습니다. 공동저서『오늘이 전부인 것처럼』이 출간되었습니다. 드디어 바라던 작가가 되었습니다.

2022년 1월 밤 11시, 두 시간째 컴퓨터 앞에 앉아 있었습니다. 상담서류를 정리하고 있었어요. 시큰거리는 오른쪽 손목을 왼손으로 감싸 쥐고 주물렀어요. 마음이 바빴습니다. 다시 키보드 위에 손을 올렸지요. 타닥타닥 마치 장작불 타오르는 듯한 소리가 듣기 좋았습니다. 문득 이런 질문이 떠올랐습니다. "이현주, 너 내일 죽으면 가장 후회되는 일이 뭐야?" 하던 일을 멈췄습니다. 일시 정지 버튼이 눌렸어요. 가만히 눈동자만 천천히 굴렸습니다. 아들, 딸, 남편, 엄마, 아빠······. 누구도 생각나지 않았습니다.

"내일 죽는다고? 오늘 뭘 하고 싶으냐고?" 숨겨 놓은 꿈을 되찾았습니다. 내 이름으로 된 책 출간하기!

뒤돌아보면 후회되고 앞을 보면 불안했습니다. 지금처럼 계속 살아도 되는 건지, 나에게 물었죠. 실패할까, 또 포기할까 일어나지도 않은 일을 걱정하느라 행동하지 못했어요.

답은 이미 정해져 있었습니다. 작가가 되겠다고 결심했지요. '사람 일 모른다고 어쩌면 정말 내일 죽을 수도 있잖아?'란 생각에 마음이 급했어요. 여기저기 정보를 찾아다녔습니다. 주변 사람들에겐 말할 수는 없었어요. 반대할 게 뻔했으니까요. 네이버 블로그에서 있는 '이은대 작가의 책 쓰기 무료 특강'을 발견했습니다. 바로 신청했지요. 10월, 11월 두 번 참여했습니다.

2022년 12월 자이언트 북 컨설팅 정규회원이 되었죠. 수업을 들으면서 생각했어요. '조금 더 일찍 시작할걸. 애들하고 남편도 했으면 좋겠다.' 겁내고 두려워 피했던 시간이 아까웠습니다.

실력도 없고 방법도 몰랐습니다. 적극적으로 찾아볼 생각도 못 했죠. 살면서 하고 싶은 일이 있다면 할 수 있는 방법을 찾아야 합니다. '두드려라. 그러면 열릴 것이다.'란 말의 의미도 깨닫게 되었습니다.

인생도 글쓰기도 순풍에 돛단 듯, 한 계단 한 계단 올라가면 얼마나 좋을까요. 삶은 만만치 않았습니다. 매주 수요일 책 쓰기 수업을 들어도 도통 모르겠더라고요. 9시에 시작하는 수업은 꼬박 두 시간 진행됩니다. 수업 중엔 알아듣는 듯했지만 돌아서면 백지가 되어버리는 머리! 콩콩 쥐어박았습니다.

생각은 시작일 뿐, 행동이 결과를 만든다

혼자는 할 수 없었습니다. 공동저서 작가 모집을 하면 무조건 참여했습니다. 덕분에 꾸준히 글을 쓸 수 있었죠. 처음 쓰는 글이라 맞는지, 틀린지 구분하지 못했습니다. 다른 작가들의 글은 읽을 시간도 없었죠. 솔직히 용기도 없었습니다. 읽고 나면 비교되어 포기할 것 같았거든요. 그런 생각을 저만 한 건 아니더라고요. 출간 계약 때 만나서 이야기하다 보면 열에 아홉은 비슷한 생각을 했습니다.

『오늘이 전부인 것처럼』을 시작으로 기회가 있을 때마다 참여했습니다. 쉴 틈 없이 썼지요. 2023년 12월, 10개월 만에 공동저서 다섯 권과 전자책 두 권, 총 일곱 권을 출간했습니다.

"책 나왔어."

"또 썼어?"

고개를 끄덕이며 덤덤하게 방으로 들어왔습니다. 조용히 문을 잠갔어요. 두 주먹을 쥐고 발을 콩콩 굴렀습니다. 어깨를 들썩거리고 소리 없이 웃었습니다. 상상했던 꿈이 이루어지는 행복한 경험을 했습니다.

2022년 여름, 딸에게 장난처럼 했던 말이 떠올랐어요.

"정음아, 우리도 네이버에 이름을 검색하면 나올 수 있는 사람이 되자."

"엄마, 난 게임 개발하고 그 게임 인기 얻으면 바로 나올 수 있어!"

"그래? 그러면 엄마만 잘하면 되겠네."

깔깔깔 웃으며 했던 그 말이 현실이 되었습니다.

2023년 5월 라이팅 코치로 첫발을 내디뎠습니다. 저처럼 책 쓰고 싶은 사람, 글 쓰고 싶은 사람들이 많을 거라는 생각을 했어요. 글쓰기 무료 특강을 준비했죠. '선무당이 사람 잡는다.'라고 아무것도 몰랐습니다. 하지만 반복하면서 노하우가 쌓여갔습니다. 벌써 2년이 되었네요. 같이 글 쓰는 작가들이 늘어납니다. 함께 읽고 쓰고 공부하고 성장합니다.

　작가가 되고 제가 생각하는 가장 좋은 점은 '선한 영향력'을 끼칠 수 있다는 거예요. 제가 쓴 글이 부족하고 어설프지만, 누군가에게는 반드시 도움을 줄 수 있다는 것을 알았거든요. 도움을 받는 사람에서 도울 수 있는 사람이 됐다는 즐거움, 오늘도 키보드에 손을 올리게 합니다.

　글을 잘 쓰고 싶다고 생각하면서도 '뱁새가 황새 따라가다 다리만 찢어진다.'란 말이 머릿속에 맴돌았습니다. 쓸데없는 욕심부리지 말고 조용히 살자, 다짐했습니다. 하지만 포기가 안 되더라고요.

　막상 쓰기로 결심하고, 한 줄 한 줄 써 보니 그제야 알게 됐어요.

　시작만 한다면 글은 누구나 쓸 수 있는 일이었습니다. **단지 방법을 몰랐을 뿐이죠. 처음이라 두렵고, 불안하고, 겁이 났던 거예요.** 죽기 전에 꼭 하고 싶은 일이라 더 간절했는지도 모릅니다.

　"앞으로는 무슨 일이든 쉽게 포기하지 말자! **알 수 없는 내일을 걱정하느라, 오늘을 헛되이 보내지 말자!**"

　이제는 자신 있게 말해줍니다.

　"이현주, 그냥 해!"

마음에 담는 하루 한 줄

"오늘 자신이 걸어가고 있는 길을 보세요. 그곳에서 자신의 미래를 볼 수 있습니다."

지금 걷고 있는 이 길이 내일을 만듭니다. 나의 선택을 믿으세요.

– 공병호, 「우문현답」을 읽고

5. _____ 이토록 아름다운 문장이라니

아름다운 문장이 뭐가 있을까. 읽던 책을 집어 들었습니다. 밑줄 그은 문장이 제법 많습니다. 그럼에도 선뜻 글로 옮겨 적고 싶은 마음이 들지는 않았습니다.

'아름답다'란 말을 생각해 보니, 물건이나 사물의 느낌, 형태와 색깔 등. 눈에 보이는 겉모습이 떠오릅니다. 내가 아름답다고 생각하는 문장은 뭘까, 고민했습니다. 문득 아침에 일어나 읽은 이은대 작가의 『작가의 인생 공부』가 생각납니다. 38쪽에 나오는 문장입니다.

"감동하는 습관이 감동적인 인생을 만든다."

'감동할 만한 일이 없는데. 감동하는 것도 습관으로 만들어야 한다니, 무슨 할 일이 이렇게 많은지.' 숙제가 늘어난 것처럼 한숨이 나왔죠. 뒤이어 저자는 감탄사 두 가지를 이야기했습니다.

상대를 의식하지 않고 자신의 감정을 표현하는 '감정 감탄사' 그리고 상대방을 의식하며 자신의 감정을 표현하는 '의지 감탄사'입니다.

도대체 감동이 뭘까. 기쁘고 행복하고 즐거운 일이 있을 때 느끼는 감정이라 알고 있었습니다. 그런데 문장을 읽고 나니 주체할 수 없을 정도로 감동할 때도 있었지만, 다른 사람의 의도를 눈치채고 마지못해 감동한 척, 표현할 때도 제법 많다는 걸 알았죠.

책을 덮었습니다. 최근에 감동한 일이 있었는지 기억을 더듬었죠. 눈을 감고 의자 등받이에 편안히 몸을 기댔습니다. 감정이 메말라 있다는 느낌이 들었어요. 크게 웃을 일도 없었고요. 다행히 목 놓아 울어 본 기억도 없었습니다.

남편은 칭찬과 인정받는 것을 좋아합니다. 어쩌다 주말에 일이 있어 외출했다가 돌아오면 밀려있을 집안일 생각에 저도 모르게 인상을 쓰게 됩니다. 쉬는 날 일하는 것도 싫은데, 집이 엉망이다? 생각하기도 싫었죠.

감사하게도 남편은 빨래며 설거지, 청소 등 집안일을 잘 도와줍니다. 어쩌면 살림에 흥미가 없는 저와 살다 보니 할 수밖에 없었을지도 모릅니다.

그날도 평소와 비슷했어요. 이런저런 볼일을 마치고 오후 5시쯤 집에 돌아왔습니다. 냉장고를 열어 시원한 물 한 잔을 벌컥벌컥 다 마셨습니다. 탁자에 소리가 나도록 유리잔을 내려놓았지요.

'나 지금 너무 피곤하니까 아무도 건드리지 마!'란 무언의 표현이었습니다.

거실에서 TV를 보던 남편이 저를 쳐다보며 말했어요.

"빨래하고, 밥도 해 놨다. 시금치는 된장국 끓이려고 다듬어 놨고, 두부랑 감자도 썰어 놨어."

말투가 심상치 않았어요.

"어! 그랬어? 와! 잘했네. 오빠, 고마워. 역시 오빠가 최고네!"

비록 약간의 접대용 말이 섞였지만, 한껏 웃으며 칭찬했죠. 된장국은 옷 갈아입고 나와서 끓이겠다고 하고 방문을 닫았습니다. '나는 매일 하는 집 안일인데, 자기는 고맙단 말 한마디 안 하면서 꼭 생색내요.' 못된 송아지 엉덩이에 뿔난다고 비뚤어진 마음에 가시가 돋았습니다.

바로 옷을 갈아입고 주방으로 갔어요. 커다란 냄비에 시금치를 넣고 된장국을 끓였지요. 프라이팬에 기름을 두르고 된장국에 넣고 남은 두부로 전을 부쳤습니다. 냉장고에서 콩나물무침도 꺼냈지요. 이것저것 반찬을 꺼내어 식탁에 놓았습니다. 제법 그럴듯해 보였어요. 남편과 아이들을 불렀죠.

엄마는 왜 안 먹냐는 정음이 말에 입맛이 없다고 대답했어요. 저녁을 먹는 가족의 표정을 봤습니다. 맛이 어떤지 계속 물었어요. 정말 맛있다고 말하는 아들과 딸, 조금 더 끓이면 맛있을 것 같다는 남편. 입을 삐죽이며 눈을 잠깐 흘겼습니다.

싹싹 비운 그릇을 보니 뿌듯했습니다. 깨끗하게 다 먹으니 설거지하기 편하단 말을 했지요.

진한 커피 한잔 손에 들고 방으로 왔습니다. 책상에 앉아 노트북 전원을 켰지요. 무슨 글 쓸까. 아침부터 지금까지 있었던 일을 부채 펼치듯 종이에 끄적거렸습니다. 순간 뒤통수를 맞은 듯 정신이 번쩍하는 거예요.

"와! 오빠랑 나랑 똑같네."

나에게 칭찬받고 싶어 하는 남편이나 가족에게 인정받고 싶어 하는 내 모습이 다를 게 없었습니다.

만약 친구가 남편 이야기를 했다면 저는 아마도 '인정해 줘라. 고맙네. 너 바쁘다고 빨래에, 밥에 반찬까지 다 했다니 얼마나 감사하니. 지금 자랑하는 거지?'란 반응을 보였을 거예요. 칭찬과 고마움의 표현이 뭐라고 그렇게 해 주기 싫어서 눈을 흘겼는지. 스스로가 못나 보였습니다.

사소해 보이는 일도 누군가의 노력으로 이루어진다

겨울 가고 봄이 오는 것은 당연합니다. 세상에 당연한 건 너무 많았죠. 남편이 직장 다니며 가족을 책임지는 것, 배고프면 밥 먹고, 목마르면 물 마시고. 너무 당연해 아무런 생각이 없었습니다. 아이들이 엄마 말 잘 듣는 것도, 부모라면 딸에게 잘해주는 것도 당연했습니다. 감사한 줄 몰랐죠. 당연함 속에 담긴 의미와 가치를 깨닫지 못했습니다. **모든 걸 당연하다 생각했으니, 일상에 감동할 일이 없었죠.**

결국엔 *'감동하는 습관이 감동적인 인생을 만든다.'* 작가의 문장을 다시 읽었습니다. 일상에, 가진 것에, 소소한 것들에 진심으로 감사해야 한다는 뜻으로 이해했습니다.

식어버린 커피를 단숨에 마시고 잔을 들고 거실로 나갔죠. 남편이 잘 보이는 식탁 의자에 앉았습니다. TV를 뚫어지게 보는 남편. '언제 저렇게 머리가 희끗희끗해졌지.' 화면을 통해 나오는 불빛이 남편의 주름진 이마를 비춥니다. 햇빛을 피할 수 없는 일, 까맣게 그을린 얼굴이 더 까맣게 보였어요. 안쓰러웠습니다. 식탁 의자에서 일어나 주전자 전원을 켜며 물었어요.

"오빠도 커피 한 잔 마실래?"

아름다운 문장이란 무엇일까요. 작가들이 쓴 문장 하나하나 아름답지 않은 게 있을까요.

'행동하게 만드는 글, 그래서 삶을 변화하게 만드는 문장' 제가 정의한 아름다운 문장입니다. 한 사람을 만나 삶이 달라지는 것처럼 내가 쓴 문장이 누군가의 삶에 영향을 줄 수도 있다는 생각이 듭니다. 그 한 줄이 마음속에 남아 매일 반복하는 일상에 의미와 가치를 부여한다면, 그래서 그 일을 꾸준히 할 수 있도록 만든다면, 그것이 아름다운 문장이 가진 힘이 아닌가 합니다.

마음에 담는 하루 한 줄

"기억하라, 당신이 한 번도 가져본 적 없는 것을 갖고 싶다면, 지금껏 한 번도 해본 적이 없는 일을 해야만 한다."

글은 당신의 마음을 흔들고, 행동은 당신의 인생을 흔듭니다.

― 하와이 대저택, 『더 마인드』를 읽고

6. _____ 그 문장이 내게로 왔다

'제 버릇 개 못 준다.'

아! 그냥 내일 해.
피곤하다, 자고 일어나서 해야지.
오늘만 날이냐.
이번에 못 하면 다음에 하면 되지.
틀렸어. 더 이상 난 못해.
이 정도면 됐지, 얼마나 더 해.
됐고, 이제 그만할래.

친구들이 한 번 보고 외운다는 것을 최소 네 번은 반복해야 암기할 수 있었습니다. 대신 한번 암기한 것은 오래 기억했죠. 알면서도 안 했습니다. 공부만 하려고 하면 내려오는 눈꺼풀을 이기지 못하고 잠들었어요. '에라, 모르겠다.'가 일상이었죠.

1988년에는 공부를 못하면 다른 것도 잘 못한다는 평가를 받았습니다. 생각해 보면 공부만 못했을 뿐이었는데요. 인생 낙오자처럼 낙인찍혔던 거죠. 13번을 넘기지 못했던 작달막한 키, 예쁘지 않은 외모, 공부도 못 하는 아이, 자습 시간엔 딴짓하기 일쑤였죠. 책은 흥미도 없었습니다. 공부할 시간도 없는데 무슨 책을 읽느냐고 핑계를 댔죠. 실은 한자리에 진득하게 앉아 있는 것도 힘들었습니다. 완독이 부담스러워 시작도 안 했습니다. 그러면 실패도 포기도 없었으니까요.

자전거도 끝까지 배우지 못했고요. 지금도 못 탑니다. 처음 시작할 때 재미있겠다고 오색 실, 뭉텅이만 사고 몇 번 하다 그만둔 십자수, 뭐에 끌렸는지 급하게 시작한 캘리그라피.

"중간에 포기하는 사람 많아요. 자격증 취득하면 강의자리 소개해 드릴게요. 포기만 하지 마세요."

"그럼요. 저 끝까지 해서 자격증 꼭 딸 거예요!" 강사의 말에 차라리 아무 말도 하지 말걸.

다른 사람들은 쉽게 쉽게 잘하는 것 같았어요. 나는 왜 자꾸 포기하게 되는지, 실패할수록 자신감이 떨어졌습니다. 자존감은 바닥이었죠. 어떤 것도 시작할 엄두가 안 났어요.

스스로 달랬어요. 시작하지 않으면 포기할 일도 없고, 실수나 실패도 없으니 그걸로 됐다고 만족했습니다. 흘러가는 대로 살았고, 계획도 목표도 없었습니다. 어제가 오늘이고 오늘이 내일이었죠.

현실을 외면하고 모르는 척했습니다. 사업에 실패한 아빠, 지금까지 직장 생활 한 번 안 한 엄마, 쥐꼬리만 한 월급에, 생활비 몇 푼 주지 못하는 남편도 미웠죠. 넉넉지 못한 형편의 시댁도 싫었습니다. 가장 미운 건 나였죠. 마흔이 넘도록 자존심만 세우고 뭐 하나 제대로 할 줄 모르는 내가 가장 미웠습니다. 이번 생은 틀렸다는 말처럼 무언가를 시작하기에 너무 나이가 들었다고 생각했습니다.

직업상담사로 평생교육원에 취업했습니다. 다양한 연령대 사람들을 만났지요. 이제 갓 성인이 된 20대 팔팔한 청년에서 50대 중년까지. 퇴근 후 컴퓨터 활용 수업을 들으러 오는 사람들로 교육원은 늘 북적거렸습니다. 주말엔 3D프린터 수업과 SMAT(서비스 경영 자격) 과정을 운영했습니다.

수업 전 수강생들의 출석과 필요한 교재를 준비했습니다. 수업이 시작되면 고용노동부 서류를 작성했고요. 종강 후 취업을 희망하는 수강생들에게 취업처 연결과 이력서와 자기소개서 작성법을 안내했습니다.

토요일은 오후 5시까지 근무했어요. 수업 시간에는 개미 한 마리 없을 정도로 조용했습니다. 쉬는 시간 10분, 평생교육원 로비는 마치 고등학교 복도처럼 시끌시끌했습니다.

문득 강의실 문에 있는 작은 창을 통해 사람들을 봤습니다. 대각선에 시선을 붙잡는 사람이 있었어요. 1등으로 교육원에 오는 사람입니다. 덕분에 서둘러 출근하게 만드는 사람, K였죠. K는 다리가 불편해 걸음이 느렸습니다. 그런데도 매주 평택에서 천안까지 수업을 들으러 왔습니다. 항상 맨 앞자리에 앉아 있었죠. 한 번도 늦은 적이 없었습니다. 볼펜을 꼭 쥐고 열심히 필기합니다. 강사의 말 한마디, 몸짓 하나도 놓치지 않으려는 듯 고개도 숙이지도 않았어요. 의지와 끈기가 대단하다고 생각했습니다.

자리로 돌아와 차갑게 식어버린 커피를 한 모금 마셨습니다. 유난히 쓰게 느껴졌어요. 키보드에 손을 올렸습니다. 깜빡이는 커서를 보면서 의자 등받이에 몸을 기댔습니다. K의 모습이 자꾸 떠올랐어요.

무엇이 K를 몇 달 동안 이렇게 천안까지 오게 하는 걸까, 눈도 깜빡이지 않고 집중하는 이유가 뭘까. 앞으로 무엇을 할지 궁금했습니다. 공부하는 사람들을 보면서 저를 돌아봤습니다.

'그러면 나는? 왜 주말까지 출근하며 일하는 거야? 뭘 하고 싶어서? 일이 재미있어? 행복하니? 만족스러워? 진짜 네가 하고 싶은 건 뭐야?' 쉴 새 없이 질문을 쏟아냈죠. '지금도 괜찮아.'란 대답을 했습니다. 하지만 그 대답이 거짓말이라는 건 누구보다 내가 가장 잘 알고 있었습니다. 얼굴이 달아올랐어요. 누군가 돋보기로 내 속을 훤히 꿰뚫어 보는 느낌이었습니다. 갈증이 났습니다.

피한다고 피해지고 무시한다고 없어질 문제가 아니었어요. 솔직하지 못

한 나, 겁 많은 어린아이 같았습니다. 다른 사람을 탓하고 내일로 미루고, 시간을 허투루 보내고 뒤돌아 후회했던 내 모습이 보였습니다.

남 탓하고 원망할 때는 힘들었어요. 그런데 모든 게 내 선택이고, 내 책임이라고 인정하니 마음이 한결 가벼워졌습니다. 있는 그대로 나를 받아들이자 마음먹었죠. 지금 상황을 인정하자 또 다른 질문이 생겼습니다.
"그러면 앞으로 어떻게 하면 되지?"

내가 할 수 있는 일에만 집중하자고 마음먹었습니다. 막연했던 목표가 뚜렷해졌습니다. 목표가 선명해지니 방법도 보이기 시작했지요. 걱정도 불안도 조금씩 줄어들었습니다. 매사에 부정적인 말투와 습관도 잦아들었습니다. 벌써 5년 전 일이네요.

지금도 흔들립니다. 포기하고 싶은 마음이 봄날 아지랑이처럼 피어오르는 날도 있어요. 그럴 땐 책을 펼칩니다. 그러면 신기하게 마음을 다잡는 문장을 만나게 됩니다.

"'가졌냐, 못 가졌냐'는 중요하지 않았다. '된다, 안 된다'를 따지지 않았다. '무조건 되게 한다.'란 방향만 생각했다." 『인생은 순간이다』를 쓴 여든 살 현역 야구 코치 김성근 작가의 글입니다.

'무조건 되지. 왜냐고? 되게 만들 거니까. 반드시 되게 할 거니까.' 나도 모르게 두 주먹을 꼭 쥐고 말했습니다. 몸이 점점 뜨거워졌습니다. 입술을 굳게 다물었습니다.

매일 출발합니다.

어제 멈췄던 자리가 오늘의 출발선이 됩니다. 뒤돌아보지 않습니다. 지금에 집중합니다. 내일의 출발선은 지금 내가 하는 일이 결정할 테니까요.

7. ──────────────── 일단 쓰고 말하기

글 쓰겠다 결심한 후 자주 했던 걱정이 무엇인지 아세요?

바로 제가 쓴 글 누가 읽을까 겁이 났다는 거예요. 반대로 아무도 읽지 않을까도 걱정했지요. 이은대 작가의 말이 귓가에 울립니다.

"글 쓰고 말하세요! 글도 안 쓰면서 무슨 쓸데없는 걱정을 합니까."

초등학교에 다닐 때 시, 수필, 그림, 일기로 서너 번 상을 받았습니다. 신이 나서 상장을 손에 들고 펄럭펄럭 흔들며 집으로 달려갔죠.

"아이고, 우리 현주 상 받았어? 최고다! 정말 잘했어."

찜질방처럼 뜨끈뜨끈한 단칸방이라도 좋았습니다. 화려한 장미가 가득 그려진 빨간색 보들보들한 밍크 이불을 덮고 옹기종기 누워 잠들기 전까지 속닥거렸어요. 깔깔 웃기도 하고 툴툴거리기도 했죠. 갑자기 떠오른 말도 안 되는 가사를 흥얼거리며 노래를 만들었습니다. 부를 때마다 달라지는 노랫말. 엄마가 좋고, 따뜻한 집이 좋고, 친구들이 좋다는 내용의 가사로 기억합니다.

당시 아빠는 건설 노동자로 중동 지역에서 일을 했어요. 아마도 아이들 목소리를 듣고 싶었던 아빠가 녹음해 보내라고 카세트를 사 주셨던 것 같아요. 작고 동그란 구멍이 두 개 뚫린 테이프를 앞뒤로 바꿔 가면서 시도 때도 없이 녹음 버튼을 눌렀던 엄마 모습이 어렴풋이 기억납니다. 회색빛 담쌓는 벽돌 만 한 카세트에 우연히 제가 부른 노래가 녹음이 된 거예요.

학교 수업이 끝나고 동생과 함께 집으로 들어섰어요. 방에서 엄마의 흥얼거리는 콧노래 소리가 들렸습니다. 카세트테이프를 틀어놓고 걸레질하고 있었어요. 가만히 듣고 있는 여동생 옆구리를 팔꿈치로 툭 치며 말했죠.

"저 노래 알지? 언니가 만든 거야."

"정말? 난 언니가 학교에서 배운 노랜 줄 알았어."

동그란 눈 더 크게 뜨고 저를 바라보는 동생, 자랑스럽게 입꼬리를 올렸죠. 엄마를 방해하고 싶지 않았습니다. 방으로 들어가려는 동생 손을 잡아끌어요. 집 앞 놀이터에서 조금 더 놀고 오자고 했지요.

그땐 자신감이 넘쳤어요. 뭐든 다 잘할 수 있을 줄 알았어요. 다른 사람 눈치 볼 것도 없었고요. 걱정도 없었죠. 뭘 해도 재미있었거든요. '이상하다, 못 한다, 왜 그러냐, 그만 해.'란 말 듣지 않았으니까요. '나는 뭘 해도 괜찮아. 다 잘할 수 있어.' 계속 그럴 줄 알았습니다.

살면서 실패와 실수를 많이 했습니다. 약속을 깜빡하는 실수부터 말 못 할 부끄러운 사건까지 다양합니다. 비슷한 실수를 반복하기도 했죠. 실수를 할수록 자신감이 떨어졌습니다. 특히 글을 쓰기 시작하면서 걱정이 늘었어요.

'이런 글 써도 괜찮나, 사람들이 읽고 욕하는 거 아니야? 어쩌지, 써야 하나 말아야 하나.' 긍정적으로 생각하고 싶었지만 잘 안됐어요. 내가 쓴 글을 아무도 읽지 않았으면 좋겠다고 생각했습니다. 그러면서도 한편으론 한 사람도 읽지 않으면 서운할 것 같았죠. 글을 쓸 때마다 감정이 널을 뛰었습니다.

새벽 3시, 잠들기는 틀렸습니다. 다시 책상 앞에 앉았습니다.

'뭐가 그렇게 걱정스러워? 왜?'

다른 사람에게 인정받고 싶은 마음, 잘 쓰고 싶다는 욕심이 가장 컸어요. 글 쓰는 연습도 안 하면서 좋은 글을 쓰고 싶다니, 도둑놈 심보였습니다.

"모든 초고는 쓰레기다."

『노인과 바다』를 쓴 미국의 소설가 어니스트 헤밍웨이가 한 말이라고 합니다. 잘 쓰고 싶은 마음이 이상한 건 아니죠. 좋은 글 쓰고 싶은 욕심, 부릴 수 있습니다. 다만 원하는 것을 얻기 위해서는 노력이 필요한 거죠. 잘 쓰기 위해, 좋은 글을 쓰기 위해 무언가는 해야 한다는 거예요. 그걸 알면서도 막상 쉽게 움직이지는 못했습니다.

글을 쓰는 동안 마음이 조금씩 가벼워지는 방법을 찾게 되었습니다. 그 경험을 통해 알게 된, 저만의 다섯 가지 방법을 소개할게요. 정답은 아닙니다. 하지만 비슷한 걱정을 하고 있다면 이 중에 단 한 가지라도 도움이 되길 바랍니다.

첫째, 독서를 하면서 한 문장을 찾아 짧은 글을 씁니다. 잘 쓰고 못 쓰고는 중요하지 않습니다. 오늘 한 줄 썼다는 것에 만족합니다. **둘째, 그냥 씁니다.** 초고가 있으면 퇴고가 있습니다. 글을 수정할수록 좋아진다는 말을 믿습니다. **셋째, 잘했다는 칭찬을 아끼지 않습니다.** 타인에게 말하듯 칭찬하고 격려합니다. 기분 좋습니다. 나를 기분 좋게 만드는 게 중요하다고 생각합니다. **넷째, 글 쓰는 시간을 따로 만들었습니다.** 평일 아침 5시에서 7시까지 글 쓰는 모임을 만들었습니다. 아무 말 없이 글만 씁니다. 집중이 꽤 잘 됩니다. 덕분에 이미 성공한 하루를 시작합니다. **다섯째, 작은 것에도 감사하는 마음을 갖습니다.** 처음엔 말로 표현하는 것이 부끄러웠는데요. 고마움도 자주 표현하니 습관이 됐습니다. 감사할 일이 많이 생겼습니다.

완벽한 글을 쓰기 위한 방법이 아닙니다. 걱정과 불안을 내려놓고 마음 편히 글을 쓰기 위해 노력하는 거죠. 어제보다 조금 더 나은 내가 되는 방법입니다. 글을 쓰면서 알게 되었습니다. **나를 이해하고 마주하는 글은 누군가의 평가가 중요하지 않다는 것. 내가 나를 인정하는 것, 오늘 쓰는 한 줄의 글이면 이미 충분합니다. 오늘도 나를 응원합니다.**

"완벽하지 않아도 괜찮아. 잘했어!"

마음에 담는 하루 한 줄

"우리는 끊임없이 전진해야 하며 낙관적인 마인드로 새로운 경험을 쌓아가야 한다. 한계를 돌파하는 인생은 여기서 탄생하게 된다."

부족한 글을 씁니다. 괜찮아요. 잘 쓰기보다 끝까지 쓰는 힘을 믿으니까요.

― 고윤(페이서스코리아), 『왜 당신은 다른 사람을 위해 살고 있는가』를 읽고

8. _____ 살며 사랑하며 배우며

"평생 공부? 무슨 말도 안 되는 소리야! 졸업하면 공부도 끝나는 거지."

"사랑 타령 좀 그만해. 나이 들어서 사랑은 무슨. 그냥 사는 거지. 사랑이 밥 먹여주니."

"사는 거 뭐 별거 있어. 그냥 무난하고 평범하게 사는 게 최고지. 그런데 그게 제일 어렵잖아."

2024년 10월 주차장 그늘에 차를 세워두고 창문을 활짝 열었습니다. 제법 붉게 물들기 시작한 나뭇잎이 벌써 가을이라는 걸 말해줍니다. 상담 시작까지 20분 정도의 시간이 있었습니다. 잠깐 잠이나 자야겠다는 생각에 눈을 감았어요. 카톡, 카톡, 카톡 요란하게 울리는 소리에 눈을 감은 채 손만 뻗어 옆자리를 더듬었지요. 손가락 끝에 닿는 핸드폰을 끌어당겼습니다. 메시지만 확인하려고 했습니다. 그런데 자연스럽게 유튜브 동영상을 클릭하고, 다른 사람들 인스타를 구경했어요. 그때 '독서심리지도사자격 입문 과정'이란 광고 글이 보였습니다. 수강생을 모집한다는 안내였죠. 장소는 집에서 차로 15분 정도 떨어진 성성도서관이었습니다. 11월 6일에 시작해 총 3회 진행한다는 내용이었어요. 가방에서 다이어리를 꺼냈습니다.

낯가림이 있습니다. 웬만해선 낯선 장소도 가질 않았죠. 처음 만나는 사람들이 있는 장소에서는 어디를 봐야 할지 시선도 흔들렸습니다. 가장 피하고 싶은 건 자기소개였습니다. 여러 번 반복해도 영 익숙해지지 않았습니다.

아무리 가까워도 초행길, 서둘러 출발했습니다. 도서관은 아파트 단지 내에 있었습니다. 주민센터 옆에 있다는 문자를 확인했어요. 강의 15분 전 도착했습니다. 주차를 하고 도서관을 찾을 수 없어 같은 자리를 뱅글뱅글 돌았습니다. 몇 번 통화를 한 후 겨우 찾았습니다. 도서관 문을 열고 들어가자 바로 보이는 서가엔 아기자기한 그림책이 있었고요. 천장엔 알록달록한 풍선이 둥둥 떠 있었습니다. 도서관 중앙에 놓인 둥근 책상 위엔 누구나 사용할 수 있는 색연필이 가지런히 정리돼 있었습니다. 은은한 조명까지 아늑했습니다.

강의실엔 이미 다섯 명이 앉아 있었습니다. 고개를 숙여 인사를 하고 빈자리에 앉았어요. 강사는 반갑게 인사를 하며 교재를 건넸습니다.

"신청하신 분들은 모두 오셨네요. 간단하게 자기소개를 하고 수업을 시작하겠습니다."

자기소개가 시작됐습니다. 30대 아기 엄마들이 많았습니다. 다들 표정이

밝았어요. 마지막으로 어색하게 일어나 조용히 인사했습니다. 작가, 글쓰기 코치, 상담을 공부했다는 말에 시선이 집중됐습니다. 눈을 맞추며 미소를 지었습니다.

강의가 시작되고 30분쯤 지났을 때, 친절한 설명과 재미있는 그림책 이야기에 어느새 마음이 편안해졌어요. 의자에 등을 기댔습니다. 한 시간이 금방 지나갔어요. 10분 휴식 시간, 유일하게 저와 비슷한 나이의 A와 이야기를 나눴습니다. 남편과 공장을 운영하고 있다고 했습니다. 아이들 넷을 키워 놓고 1년 전부터 자신을 돌아보게 되었다고 하면서 지금은 이것저것 배우러 다닌다는 말도 했습니다. 짧은 시간이었지만 자신을 솔직하게 내보이는 A의 이야기에 쏙 빠져들었습니다. 특히 그림책 공부를 하면서 어린 시절의 상처와 아픔이 떠올라 힘들었단 말을 하며 눈물이 고였습니다. 저도 덩달아 코끝이 찡했습니다.

마지막 시간엔 나를 표현하는 시간을 가졌습니다. A4용지와 사인펜, 색연필을 받았습니다. 고민하지 않고 하얀 종이에 커다란 나무를 그렸습니다. 그리고 웃고 있는 가족을 그렸어요. 행복했던 순간을 떠올리니, 대부분 가족과 함께한 시간이었습니다. 커다란 나무는 집이었습니다. 집은 단순히 머무는 공간이 아니라, 사랑과 위로를 받은 곳입니다. 다음으로 글쓰기와 독서, 오십이 넘어 찾은 삶의 의미와 가치를 표현했어요. 글을 쓰며 나를 돌아보았고, 책을 읽으며 세상과 사람을 이해하는 마음을 갖게 되었습니다. 그림으로 그려보니 나는 가진 게 많은 사람이었습니다. 발표하는 시간, 저마다의 삶이 얼마나 다양한지 알 수 있었습니다.

오십이 넘으면 새로운 일을 시작하는 게 의미 없다고 생각했습니다. 이 나이에 뭘 또 배운다고 애쓰는지, 써먹지도 못할 일을 배우느니 가만히 있는 게 낫다고 생각했지요. 실은 용기가 없었습니다.

그럼에도 세상에 대한 호기심이 있고 배움에 대한 욕구가 있었습니다. **지금보다 더 나은 사람이 되고 싶은 욕망, 어쩌면 살아간다는 건 끊임없이 배우고 사랑하며 성장해야 하는 게 아닐까요.**

삶을 흔들만한 큰 도전과 시도만 중요한 게 아니란 생각도 했어요. 다른 사람들 보기에 하찮아 보이는 작은 일이라도 용기를 내 시도해 보는 것, 어떤 방식으로든 시작하는 사람에겐 기회가 온다는 것도 알게 되었죠. 스무 살에 배우지 못한 것, 서른 살에 깨닫지 못한 것, 마흔에 도전하지 못했던 것들. 삶이 유한하다는 것을 깨달은 지금 비로소 도전할 수 있었습니다.

두려움은 어쩌면 성장의 다른 이름일지 모릅니다. '처음'이라는 건 당연히 낯설고 두렵기 마련입니다. 하지만 그 두려움을 넘어설 때, 자신감을 얻게 되고 배움의 기회도 얻을 수 있습니다.

하루를 마무리하는 저녁 저에게 질문합니다.

"오늘 나는 무엇을 배우고, 누구를 사랑하며, 어떻게 성장했는가?"

하루를 돌아봅니다.

삶은 생각보다 짧을 수 있습니다. 언제 어떻게 어떤 일이 생길지 누구도 알 수 없습니다. 그래서 지금, 이 순간 더 많이 사랑하고, 배우고, 성장해야 한다고 생각합니다. 하고 싶은 일이 있다면 숨을 크게 쉬고 한 걸음을 내디뎌 보세요. 그 한 걸음이 삶을 바꾸는 시작일지도 모릅니다.

마음에 담는 하루 한 줄

"차마 외면할 수 없고, 어차피 할 일이라면 차라리 온몸으로 덤벼들자. 차마… 어차피… 차라리…."

마음이 흔들릴수록 글을 씁니다. 글은 나를 나답게 만들어 줍니다.

— 최재천, 『양심』을 읽고

느리게 읽고 쓴 어느 초보 작가의 기록

1. 급한 마음을 내려놓을 수 있어요. 자기만의 속도로 천천히 천천히.

2. 일상을 조금 다른 눈으로 바라볼 수 있습니다. 일상에 의미와 가치를 부여하게 되었죠.

3. 삶을 대하는 태도가 달라졌습니다. 감사하는 마음이 더 커졌습니다.

4. 생각하는 힘을 키울 수 있습니다. 다양성도 이해하게 되었죠.

5. 매일 읽고 쓰는 반복을 하면서 자신감도 생겼습니다.

6. 문장의 구조를 파악할 수 있고요. 어휘력도 좋아집니다.

7. 나만의 말투, 글투를 만들 수 있습니다.

8. 삶의 리듬이 차분해집니다. 마음의 여유가 생겨요.

9. 나를 이해하고 인정하고 받아들일 수 있게 됩니다. 나와 친하게 지낼 수 있어요.

10. '쓰는 사람'으로서의 정체성이 조금씩 자리 잡아 갑니다.

제 4 장

당신도 작가가 될 수 있다

원하는 모든 것을 이룰 수 있습니다.
두려움을 넘어서기만 한다면요.

1. _____ 작은 결심이 만든 글 쓰는 삶

2023년 12월 공저 다섯 권과 전자책 두 권을 출간했습니다. 2022년 죽기 전 내가 쓴 책 한 권 갖고 싶다는 바람으로 도전한 글쓰기입니다. 단 10개월 만에 이룬 성과가 믿기지 않았죠.

고등학교 이후로 책 한 권 읽지 않았습니다. 글은 더더욱 자신 없었습니다. 단 한 줄도 쓰지 않았던 제가 작가가 되고 책 쓰기 코치가 되었습니다. 잠을 자려고 누워 있으면 신기합니다. 정말 내가 해낸 건가. 팔뚝을 살짝 꼬집어 봤습니다. 얼굴이 찡그려집니다. 그래도 웃음이 나왔습니다. 책장에 나란히 꽂혀있는 내 책을 여러 번 들여다봤습니다.

생각 없이 시작한 일들이 많습니다. 그만큼 쉽게 포기한 일도 많았죠. 하지만 어떤 일은 습관이 되기도 했습니다. 그런 습관들은 언젠가부터 일상을 버티는 힘이 되어주었습니다. 더 나아가 삶을 바꾸는 계기가 되기도 했죠. 처음엔 그저 '해보자'는 마음으로 시작한 것들이었습니다.

제가 경험한 소소한 시작이 어떻게 습관이 되었는지 나누고자 합니다. 또한, 지금 삶에 어떤 영향을 주었는지도 정리해 보았습니다. **생각해 보면 삶을 변화시킨 일들은 큰 사건에서 온 것들이 아니었습니다. 아주 작은 습관에서부터 시작되었습니다.** 그중 세 가지를 말씀드리겠습니다. 말씀드리는 방법이 다 좋을 순 없습니다. 다만 한 가지라도 도움이 되기를 바랍니다.

첫째, 틈틈이 짬짬이 매일 읽습니다.

2016년 다니던 회사에서 독서 모임을 만들었습니다. 일주일에 한 권씩 읽자고 말했습니다. 절대 안 된다, 할 수 없다고 반대했습니다. 해보고 안 되면 그때 변경하자는 대표의 제안을 따르기로 했습니다.

지금까지 읽은 책을 다 이해하는지 묻는다면 자신 없습니다. 문해력, 이해력 다 부족합니다. 모르는 단어, 아리송한 문장들은 사람들에게 묻고, 검색해 찾아보았습니다. 또, 나름의 해석도 했죠. 작가의 의도를 잘 파악했는지는 모르겠습니다. 그래도 괜찮습니다. 잘못 해석하면 좀 어떤가요. 앞으로 계속 반복해 읽을 텐데요. 그때마다 재해석하면 됩니다.

읽을 때마다 다른 문장이 보입니다. 같은 문장도 다른 의미로 다가옵니다. 사람들과 다른 생각을 하면 제가 틀렸다고 생각했습니다. 하지만 지금은 압니다. 다를 수 있다는 것, 다르다는 건 너무 당연하다는 것을 깨닫게 되었죠.

차 안, 방 안 책상 위에 대여섯 권의 책이 있습니다. 언제든 읽을 수 있도록 일부러 놓아두었죠. 한 권, 두 권 정리하지 않고 쌓여있습니다. 손에 잡히는 대로 갖고 옵니다. 아무 페이지나 펼쳐 읽습니다. 5분, 10분 짧은 시간이라도 한두 페이지라도 읽습니다. 밑줄도 긋고 메모도 하죠. 매일 그렇게 자연스럽게 읽는 것이 습관이 되었습니다. 책을 읽다 보니 글을 쓰고 싶단 생각이 들었어요. 내 책을 갖고 싶단 욕심도 생겼고요. 방법을 찾아 SNS 검색을 했고 자이언트 북 컨설팅에 등록했습니다.

아마 책을 읽지 않았다면 글을 쓰겠단 생각은 전혀 하지 못했을 겁니다. 작가요? 꿈도 꾸지 못했을 거예요. **사람은 매일 하는 일, 자주 만나는 사람, 반복하는 생각에 영향을 받는다고 합니다.** 책을 출간하고 작가가 되고 코치의 길을 선택할 수 있었던 건 독서에서 비롯되었습니다. 틈틈이 읽는 독서 습관이 삶을 흔들었고 방향을 바꾸어 놓았습니다.

둘째, 굿모닝! 글모닝! '럭키비키'[1] 매일 한 줄의 글이라도 씁니다.

저와 한 약속을 지키지 못합니다. 꼭 해내겠다는 의지를 가져도 쉽게 무너졌습니다. 핑계 없는 무덤 없다고 할 수 없는 이유를 찾아다녔습니다. 글쓰기도 그랬어요. '쓸 말이 없다, 아무 일도 일어나지 않았다, 어제가 오늘이고 오늘이 내일이다, 너무 힘들고 피곤하니 내일 하자.' 욕심만 앞섰지요.

뒤로 물러서지 않도록 스스로 장치를 만들어야 했습니다. 발을 질질 끌고

---

[1] 럭키비키: 행운을 뜻하는 Lucky와 아이돌 그룹 멤버 장원영의 영어유치원 시절 이름 Vicky를 연달아 쓴 일종의 펀치라인이다. '나에게 일어나는 모든 일이 결국 나에게 좋은 일이야.'라는 뜻이다.

라도 앞으로 나아가야 했어요. 그래서 만든 모임이었죠. 아무도 오지 않아도 혼자라도 하겠다는 생각에 시작했습니다. 이제 곧 럭키비키가 200회를 맞이합니다. 덕분에 미라클 모닝을 하게 되었습니다. 어떻게든 매일 한 줄이라도 씁니다. 조금씩 습관이 되어 갑니다. 진행하지 않는 토요일, 일요일이 어색할 지경이 되었죠. 참여하는 사람들이 좋아하니 덩달아 좋습니다. 힘들어도 계속하는 게 습관이라고 생각했는데요. 습관도 즐겁게 만들 수 있다는 걸 알았습니다.

요즘은 100일 필사를 하고 있습니다. 글쓰기 모임이 아니었다면 이런저런 핑계 대다 결국 또 포기했을 거예요. 혼자 하기 어렵다면 함께 할 수 있는 모임을 만들어 보세요. 생각보다 주변에 비슷한 사람들이 많이 있습니다. 서로를 응원할 수 있는 습관 만들기, 강력하게 추천합니다!

셋째, 끄적끄적 메모합니다.

메모하는 걸 자주 잊습니다. 21일만 꾸준히 하면 습관이 된다는 말이 있는데요. 저는 아닌 것 같았습니다. 100일을 하고도 제자리도 돌아가는 게 사람이라고 생각합니다.

손을 내밀면 닿을 듯한 곳곳에 메모지와 볼펜을 둡니다. 그럴 수 없다면 핸드폰에 녹음합니다. 그것도 어렵다면 나에게 문자를 보냅니다. 차에 타고 있을 땐 빨간 신호등에 멈춰 섰을 때 빠르게 단어라도 씁니다. 기억나면 좋겠지만, 기억하지 못한다고 해도 어쩔 수 없습니다. 그냥 그 순간 끄적거리는 행위 자체로 중요하다고 생각합니다. 언젠가 길을 걷다가 문득 갑자기 번개처럼 아이디어가 떠오를 수도 있거든요. 그건 아무도 모르니까요.

 메모지를 노트에 차곡차곡 붙입니다. 자연스럽게 생각도 정리하죠. 메모는 일상을 다르게 볼 수 있는 힘을 길러줍니다. 메모하는 순간 감탄하고 감동합니다. 감사할 일들도 늘어갑니다.

 이 세 가지 작은 시작이 조금씩, 확실하게 저를 변화시켰습니다. 대단한 결심이나 거창한 계획이 중요한 건 아니었습니다. 작은 행동을 꾸준히 실천하는 것이 시작입니다. 오늘이 달라졌습니다.

 이러한 시작으로 목표를 반드시 이룰 수 있을 거라 믿습니다. 왜냐고요? 단순합니다. 될 때까지 하면 되니까요. 혼자 하기 힘들다면, 함께 할 수 있는 방법을 찾아보세요. 함께한다면 더 멀리, 더 오래 할 수 있습니다.

마음에 담는 하루 한 줄

"성공은 당신에게 '우연히' 찾아오지 않는다는 것을 분명히 알아두어야 한다. 성공은 당신과 당신이 한 행동들 '때문에' 생긴다."

기회를 만드는 사람은 성공할 수밖에 없습니다.

– 그랜트 카돈, 『10배의 법칙』을 읽고

2. _____ 반복으로 얻은 즐거움

"작가님, 우리 보령 가요! '미옥서원'이라는 한옥 책방이 있는데 너무 예뻐요."

2017년 9월 23일 독서 모임에서 헨리 데이비드 소로의 『월든』을 읽었습니다. 토론을 마치고 오전 10시 충청북도 괴산에 있는 책방으로 갔습니다. 천안에서 한 시간 반쯤 소요됩니다. 마흔이 훌쩍 넘은 독서 모임 회원들의 얼굴에서 재잘대는 어린아이 얼굴이 보입니다. 모두 소풍 가는 날 기다리듯 며칠 전부터 설렜다고 합니다. 비가 오면 어쩌나, 너무 덥지 않았으면 좋겠는데, 하고 걱정했다는 말에 모두 웃음을 터뜨렸습니다. 총 아홉 명이 두 대의 차에 나눠 탔습니다. 2016년 6월 독서 모임을 시작하고 책방에 가는 것은 처음이었습니다. 11시 30분 괴산에 도착해 이른 점심을 먹었습니다.

'숲속 작은 책방' 이름이 참 예쁘다고 생각했어요. 네모반듯한 건물 속 대형 서점만 알고 있었거든요. 기대됐습니다. 책방이 있는 동네는 입구부터 조용했습니다. 걸어 다니는 사람도 없었고요. 버스 정류장 안내표지판만 덩그러니 놓여 있었습니다. 마치 이곳만 시간이 멈춰버린 느낌이 들었어요. 차를 타고 10분가량 더 들어갔습니다. 동화책에 나올듯한 빨간색 벽돌로 지은 집들이 각각의 정원을 뽐내며 드문드문 서 있었습니다.

『아기 돼지 삼 형제』에 나오는 막내가 지은 벽돌집이 이럴까? 아니면 『헨젤과 그레텔』에 나오는 과자로 만든 집? 아니야, 비록 빨간색 지붕은 아니지만 루시 모드 몽고메리가 쓴 『빨간 머리 앤』이 살았던 집이 이랬을 거야. 상상력이 없는 나조차 상상의 나래를 펼치게 만드는 집이었습니다.

책방은 오후 1시에 시작해 6시에 문을 닫습니다. 책방에 도착한 시간이 1시였어요. 바로 들어갔습니다. 조심스럽게 한발 한발 걸음을 옮겼습니다. 책방지기가 얼마나 책방을 사랑하는지 느낄 수 있었습니다. 깔끔하게 정리된 책들, 아기자기한 화분과 인형, 멋스러운 소품들이 즐비했습니다. 다른 사람들이 없어서 여유롭게 구경할 수 있었습니다. 마음에 드는 책을 한 권 구매했어요. 김용언의 『문학소녀』란 책입니다. 내용은 잘 기억나지 않습니다. 단순히 제목에 이끌렸습니다.

책방을 나와 동네 한 바퀴 산책했습니다. 그리고 결심했죠. '언젠가 나도 나만의 책방을 만들 거다!' 야심 찬 결심은 지금도 진행 중입니다.

그 후, 시간이 있을 때 충청도에 있는 책방을 찾아다녔습니다. 인터넷에 정보가 차고 넘치는 세상이다 보니 궁금한 건 무엇이든 찾을 수 있었죠. 집 나가는 걸 좋아한다고 농담처럼 말합니다. 기회가 있으면 여기저기 돌아다니고 싶고요. 기회가 없다면 만들어서 다닙니다.

"가을 독서 여행 한 번 가요! 예쁜 책방 많더라고요."

독서 모임 회원들에게 여행을 제안하는 일은 늘 제 몫입니다. 먼 곳은 당일로 다녀오기 힘들고, 가까운 곳은 아쉬웠어요. 운전하는 사람도 배려해야 하고 식당도 찾아야 하고 커피 한잔할 수 있는 카페도 찾아봅니다. 틈나는 대로 네이버에 검색했어요. 우연히 발견한 책방이 보령의 '미옥서원'입니다. 춥지도 않고 덥지도 않은 2024년 10월 26일 토요일! '날이 좋아서'란 글이 생각나는 날, 책방에 가기로 했습니다.

오전 8시 천안 시청 주차장에 일곱 명이 모였습니다. 두 대의 차에 나눠 타고 보령으로 출발했지요.

지난 2018년 6월 독서 모임 100회 기념으로 다녀온 안동의 '도산서원'이 떠올랐습니다. 실제로 보니 사진으로 보는 것보다 더 좋았어요. 책장에 가지런히 정돈된 책, 은은한 불빛, 잔잔한 음악도 좋았지만 자유롭게 여기저기 쌓여있는 책들이 더 예뻤습니다. 편백나무 책장에서 나는 향기와 종이책 냄새는 마치 다른 세상에 온 듯한 느낌을 주었습니다.

"현주 선배, 어떻게 이런 책방을 찾았어? 검색하는 것도 능력이네. 정말 좋다. 고마워요."

"제 책방은 아니지만 다들 좋다고 하니 저도 좋네요."

사람들 얼굴에 웃음이 떠나질 않았습니다. 다행이라 생각했죠. 빠듯한 일정 탓에 아쉬움을 뒤로한 채 서둘러 걸음을 옮겼습니다. 약간의 아쉬움이 남아야 다음을 기약한다는 핑계를 댔죠. 꼭 다시 방문해야겠다 생각했습니다.

김미예 작가와 안지영 작가는 자이언트 북 컨설팅 책 쓰기 수업을 들으며 알게 되었습니다. 한 달에 한 번 잠실 교보문고에서 진행하는 저자 사인회에 참석하면서 이야기를 나누었죠. 김미예 작가는 서울에 살다가 남편 직장 문제로 2024년 5월 아산으로 이사했습니다. 이사하면서 아이들 학교적응을 걱정했는데요. 두 딸 모두 잘 적응해 다니고 있습니다. 정작 문제는 아는 사람 하나 없는 곳에 툭 떨어진 미예 작가였죠. 익숙한 곳에서 벗어난 불안함은 어른이 되어도 사라지지 않는 것 같습니다. 천안과 아산은 자동차로 약 40분 정도 걸립니다. 가까이 살게 되니 금방 친해졌지요.

글 쓰는 작가, 자이언트에서 같이 공부한다는 공통점 덕분에 친근했습니다. 가끔 셋이 만나 밥 먹고 수다도 떨었죠. 자연스럽게 책방 이야기가 나왔고 내친김에 시간을 맞춰 함께 가자고 제안했습니다. 모두 흔쾌히 동의했습니다. 바로 일정을 잡았죠.

어떤 사람과 함께하느냐에 따라 시간, 공간, 느낌이 달라집니다. 누가 더 좋고 나쁘다기보다, 각자의 향기를 지닌 꽃처럼 서로 다른 매력을 갖고 있습니다. 짧게라도 여행을 다녀오면 서로에 대해 알게 되고 아는 만큼 가까워집니다. 때론 아는 만큼 멀어지기도 하지만요. 한 가지라도 배워 돌아오는 것이 '여행'이란 생각이 듭니다.

　아산 '모랭이 숲', 당진 '오래된 미래', 보령 '미옥서원', 천안 '북하우스', 공주 '가가책방' 등 여러 책방을 다녀왔습니다. 앞으로는 더 많은 지역의 책방을 찾아가려 합니다. 책을 읽는 사람들, 글을 쓰는 작가들, 오랜 친구들과 함께하고 싶습니다. 때로는 혼자 훌쩍 떠나는 것도 좋겠지요.
　당일치기 책방 여행을 위해 시간을 만듭니다. 마음을 내지요.
　언젠가 책방을 열고 싶다는 꿈을 갖고 있습니다. 오가는 이들과 소소한 기쁨을 나누고 싶습니다. 또 다른 꿈입니다. 설레는 시간이고, 걸음을 이끄는 힘입니다.

마음에 담는 하루 한 줄

"가장 확실하게 배울 때는 다른 사람을 가르칠 때다."

내 안에 빛나는 경험이 있습니다. 그 빛은 실패를 딛고 다시 일어설 때 더욱 선명해집니다.

― 이민규, 『실행이 답이다』를 읽고

3. _____   끌리는 문장을 재해석하다

'시선이라는 폭력'

김하나의 『금빛 종소리』에서 본 문장입니다.

뎅, 뎅, 뎅.

문장 독서합니다. 완독이 부담스러운 제게 안성맞춤입니다. 그날그날 마음에 드는 책, 손에 잡히는 책을 펼칩니다. 초등학교 다닐 때 쉬는 시간마다 친구들과 했던 놀이가 떠오릅니다.

"하나, 둘, 셋. 하면 펴는 거야. 사람 숫자 세보고 많으면 이기는 거야. 알았지? 하나, 둘, 셋!"

그 순간 왜 그렇게 긴장이 되던지. 그때로 돌아갑니다. 마음속으로 하나, 둘, 셋을 외치며 손에 든 책을 펼쳤습니다. 제가 읽는 책엔 사람이 나올 리 없습니다. 그럼에도 '혹시'란 생각에 피식 웃습니다.

'시선이라는 폭력'

검은색 본문 글씨와 다르게 연한 하늘색으로 쓰여 있는 소제목 문구가 시선을 잡아끕니다. '*사람은 사회적 동물이고 군집하는 포유류적 동물이다. 살면서 다른 사람의 시선을 신경 쓰지 않기란 여간 어려운 일이 아니며 군집으로부터 낙오되는 집단 따돌림은 생명을 위협하는 공포스러운 일이다.*'

책을 덮고 팔짱을 낀 채 고개를 오른쪽으로 기울였습니다. 멍하게 노트북 모니터를 바라봤어요. 깜빡거리는 커서, 마치 최면에 걸린 듯 중학교 2학년 때로 돌아갔습니다.

기억은 날이 갈수록 흐려집니다. 무엇 때문에 다투었는지 잘 모르겠습니다. 등교하면 저를 바라보는 반 친구들의 불편한 시선, 분위기가 조금 달라졌다고 느꼈어요. 크게 신경 쓰지 않았습니다. 그런데 학기 초에 시작된 그 눈초리는 여름 방학이 가까워질 때까지 계속됐습니다. 슬슬 반 친구들 눈치를 보게 되더라고요.

체육 시간, 감기에 걸렸다는 핑계를 대고 교실에 남았습니다. 창틀에 턱을 괴고 멍하니 운동장을 쳐다봤습니다. 호루라기를 부는 선생님, 배구공을 피해 이리저리 뛰어다니는 친구들 모습이 보였어요. 까르르 웃는 소리가 교실까지 들렸습니다. 그냥 나갈 걸 그랬다는 후회가 들었습니다.

드르륵, 문 열리는 소리가 들렸습니다. 한참 수업 중이라 아무도 올 사람이 없는데 말이죠. 반 친구 B가 들어왔어요. 놀란 눈으로 쳐다보자 머뭇거리며 다가왔습니다.

A가 네 욕하고 다니는 걸 아냐고 했습니다. A의 말만 듣고 저를 오해했다고 하면서 미안하단 사과를 했습니다. '그랬구나. 그동안 A가 반 친구들에게 내 욕을 했구나.'

다음 날부터 B는 반갑게 인사했어요. 살갑게 말을 걸었죠. 쉬는 시간마다 제 자리로 와 이것저것 물었어요. 점심도 같이 먹었습니다. B 덕분에 다른 친구들과 친해 질 기회도 얻었습니다. 친구가 되어준 B가 고마웠습니다. 3학년 올라가면서 다른 반이 되어 아쉽긴 했지만요. 중학교 내내 고마운 마음을 갖고 있었습니다. 지금도 그렇고요.

타인의 시선에서 자유로워야 비로소 나를 표현할 수 있습니다

다른 사람의 시선이 부담스러웠습니다. '왜 쳐다보는 거야?' 불편했습니다. 한마디로 눈치를 본 거죠. 행동이 자연스럽지 않았어요. 자주 머뭇거렸습니다. 당당히 해야 할 말도 할까 말까, 고민했습니다.

좋은 말로 표현하면 배려심 많고 착한 사람이었고요. 스스로 돌아보니 제대로 표현하지 못하고 타인의 시선에 흔들리는 상점 앞 풍선 인형 같다는 생각이 들었습니다.

'시선이라는 폭력'에 대해 생각했습니다. 작가의 표현대로 시선은 정말 폭력이 될 수도 있습니다. 반대로 생각하면 위로나 위안이 될 수도 있다는 뜻입니다. 결국 **시선이 주는 메시지를 내가 어떻게 받아들이는가에 따라 삶에 영향을 미친다는 것을 깨달았죠.**

중학교 때 겪었던 그 경험처럼 부정적인 시선은 사람을 움츠러들게 하고 눈치를 보게 만들었습니다. 긍정적인 시선에는 자신감이 생겼습니다. 누군가를 바라보는 시선에 어떤 의미가 담겼는지 고민해 본 적 없었습니다. 다만 '시선이 곱다', '눈초리', '째려본다', '다정한 눈길' 같은 표현만 자주 썼을 뿐입니다. 바라보는 사람과 그 눈빛을 받는 사람의 입장 혹은 생각은 다 다르니까요. 시선보다 정확하게 말로 표현했으면 좋겠다는 생각도 했습니다.

다른 사람을 바라보는 저의 시선에 대해서도 생각합니다. 누군가의 시선이 부담스러웠다면 다른 사람들도 나의 시선을 불편하게 받아들였을 수도 있겠구나 싶습니다. 내가 의도적으로 그렇게 바라봤을 수도 있겠지요. 뜻하지 않게 오해를 불러일으켰을 수 있겠다는 생각도 합니다. 아이들을 바라보는 내 눈빛과 남편을 쳐다보는 시선이 실제로 다를 수 있으니까요.

예전 같으면 다른 사람들이 나를 어떻게 볼까를 고민했을 겁니다. 지금은 타인과 세상을 바라보는 내 시선에 대해 생각합니다. 마음이 보는 대로 세상이 보인다는 말처럼 삐딱한 마음, 불편한 내 마음을 알아채는 게 먼저인 듯합니다. 어떻게 하면 세상을 조금 더 따뜻한 눈으로 긍정적으로 바라볼 수 있을지도 고민합니다. 몇 가지 방법이 떠오르네요. 제가 매일 사용하는 방법입니다.

첫째는 다름을 인정하고 받아들이면 마음이 편안해집니다. 그럴 수 있다고 생각하는 거죠. 모든 사람이 같은 곳을 바라봐도 다른 생각을 할 수 있는

걸 받아들입니다. 다른 건 당연한 일이니까요.

 둘째는 한 가지라도 긍정적인 것을 찾으려 노력합니다. 나쁘기만 한 일은 없다고 생각합니다. 이왕이면 작은 것이라도 긍정적인 부분을 찾아내려 애씁니다. '왜 나에게만 이런 나쁜 일이 생길까?', '힘들다.', 한숨 쉬었던 일들도 돌이켜보면 부정적인 것만은 아니었습니다. 경험에서 얻은 깨달음이죠.

 셋째는 다른 사람을 대하듯 나를 봅니다. 남에게 착하고 좋은 사람 말고 나에게 친절한 사람이 되자고 마음먹었습니다. 나를 먼저 사랑해 주고 영원한 내 편이 되어주는 것. 힘과 용기를 얻을 수 있었습니다.

 타인의 시선을 어떻게 받아들이느냐에 따라 관계의 분위기나 깊이가 달라진다고 믿습니다. 시선은 단순히 보는 것을 넘어 마음을 주고받는 방식이니까요.

 이제는 타인의 시선보다 나의 시선을 가꾸는 데 마음을 씁니다. 따뜻하고 긍정적인 눈으로 세상을 바라보려 애씁니다. 그런 노력이 결국 나를 단단하게 만들어 줄 테니까요.

 자신에게 먼저 따뜻한 시선을 보내고, 다정한 마음으로 세상을 바라보는 것이 삶을 조금 더 빛나게 하지 않을까요. 오늘도 내 시선이 닿는 곳마다 따스한 온기가 전해지기를 바랍니다.

4. _____ 할 수 있다는 생각이 만드는 변화

"아가씨! 책 좋아하죠? 이번에 『빨간 머리 앤』 원서 번역해서 전집으로 나왔거든요. 올 컬러예요. 한번 구경하고 가요. 안 사도 괜찮아요."

퇴근하고 집으로 돌아오는 길, 팔을 확 잡아끄는 힘에 뒤로 넘어질 뻔했습니다.

정신을 차리고 보니 까만색 봉고차 안이었어요. 무릎이 닿을 만한 가까운 거리, 맞은 편 자리에 앉아 입꼬리를 올리며 웃는 아저씨. 눈빛이 무서웠습니다. 손에 들린 『빨간 머리 앤』만 뚫어져라 쳐다봤어요. 빨리 벗어나고 싶었어요. 어떤 설명도 들리지 않았습니다. 마치 귓속에 벌 한 마리가 윙윙대며 날아다니는 것 같았어요. 고개를 푹 숙였어요. 마치 잘못을 저지른 학생이 교무실에 끌려와 야단맞는 것처럼요.

"제가 『빨간 머리 앤』은 좋아하는데요. 그래서… 책이 얼마……예요?"

"아니, 이게 다 뭐야?"

커다란 상자를 끌어안은 저를 보자마자 엄마가 말했어요.

"어! 엄마, 나도 이제 책 좀 읽어보려고."

무거운 상자를 현관 앞에 털썩 내려놓았습니다.

방문을 벌컥 열었습니다. 침대에 누워 있던 동생이 놀라 벌떡 일어났어요. 들고 있는 상자가 무엇인지 물었습니다. 조금 전 무서운 상황은 다 잊었습니다. 『빨간 머리 앤』 전집이라고 자랑스럽게 대답했지요. 어디에서 얼마 주고 샀는지 묻는 말엔 대답하지 않았습니다. 내야 할 돈은 생각하기 싫었거든요. 방을 한 바퀴 빙 둘러봤습니다. 어디에 놓으면 좋을까, 눈을 굴렸어요. 5단 책장이 눈에 띄었어요. 잡동사니가 죽 늘어선 첫 번째 칸이 보였습니다. 채 다섯 권도 꽂혀 있지 않은 책장은 이미 책장이 아니었어요. 주방에 가서 커다란 검은색 비닐봉지를 들고 왔습니다. 몽땅 쓸어 넣었습니다. 깔끔하게 비워진 책장을 보니 개운했습니다.

"주근깨 빼빼 마른 빨간 머리 앤, 예쁘지는 않지만 사랑스러워."

노래를 흥얼거렸습니다. 베란다에 널려 있는 걸레를 들고 화장실로 갔어요. 물을 적시고 꼭 비틀어 짰지요. 저녁 먹으라는 엄마의 목소리가 들렸습니다. 알겠다고 건성으로 대답했어요. 방으로 들어와 책장의 먼지를 꼼꼼하게 닦았습니다. 반질반질 윤이 났어요. 상자를 질질 끌고 책장 앞에 섰습니다. 번호 순서대로 나란히 책꽂이에 정리했습니다. 코팅된 표지가 반짝반짝 빛났습니다. 한 발 떨어져 바라보니 근사했습니다. 책은 아직 펼쳐보지도 않았는데 이미 다 읽은 듯 뿌듯했습니다. 입꼬리가 슬그머니 올라갔어요.

또 들리는 엄마의 저녁 먹으란 목소리, 안 먹어도 배불렀습니다. '그래, 이번에 나도 책 좀 읽어보자.'

결심한다고 할 수 있는 건 아니었습니다. 학교 졸업과 동시에 배우는 것은 이제 끝났다고 생각했어요. 책장의 책은 장식품이 되었습니다. 일주일에 서너 번 친구들과 만났습니다. 이번 달 월급 다 써도 다음 달에 또 들어오니까 흥청망청 썼습니다. 늦게까지 술 마시고 웃고 떠들었어요. 엄마에게 돈 달라고 하지 않아도 되니 좋았죠. 매달 받는 월급이 빠듯할 정도로 썼습니다. 그땐 마냥 신났어요.

깔끔하게 정리해 두었던 『빨간 머리 앤』 전집엔 눈길도 주지 않았습니다. 시간 지나면서 설렘은 사라졌어요. 책을 읽겠단 결심도 흐지부지해졌죠. 한 달에 한 번 책값을 내라는 고지서가 우편함에 꽂혀있을 때마다 얼굴을 찡그렸습니다. 왜 읽지도 않을 책을 그 비싼 돈 주고 샀을까. 한숨이 나왔습니다. 1995년 미술학원 강사 월급 60만 원. 그런데 매달 내는 책값이 7만 원? 아까웠습니다.

두 아이의 엄마가 되었습니다. 주말이면 하루 종일 TV 앞을 떠나지 않는 아이들. 책에는 관심 없었습니다. 내가 읽지 않으니 아이들도 보지 않았어요. 아이들에게 책 읽는 습관을 길러주고 싶었습니다. 아파트에서 15분 거리에 충남평생교육원이 있었어요. 주말이면 아이들 데리고 도서관에 갔지요. 그리곤 아이들 손에 동화책 한 권씩 주고 읽으라고 했죠. 저는 아이들 옆에서 꾸벅꾸벅 졸았어요. 제가 이러니 아이들도 한 권만 겨우 읽고 집에 가자고 손을 끌었습니다. 억지로 몇 번 더 끌고 갔어요. 결국 지루함을 견디지 못한 제가 먼저 포기했습니다. 아이들이 투덜거린다는 핑계를 대면서요.

2015년 입사한 새 직장에서 독서 모임을 시작했습니다. 덕분에 책을 읽기 시작했죠. 한 권을 다 읽었을 때의 뿌듯함, 읽을수록 중독됐습니다. 기분 좋아서 읽고, 모르는 게 많아서 더 읽고. 자꾸 읽게 되었습니다. '자기 계발'이란 말도 처음 알게 되었죠. 혼자였다면 지금까지도 책 한 권 읽기 버거웠을 거예요.

2020년 3월 『빨간 머리 앤』과 다시 만났습니다. 검은색 봉고차에 끌리듯 들어가 만났던 기억, 끝내 한 권도 읽지 못하고 사라진 '앤'이 떠올랐습니다. 12권 전집은 어디로 사라졌는지 지금도 모르겠습니다.

'나는 꾸준하지 못한 사람, 쉽게 포기하는 사람'이라고 여겼습니다. 생각이 바뀌지 않으니 당연히 할 줄 아는 게 없는 사람처럼 살았지요. 그러다 독서 모임을 시작하면서 행동이 달라졌습니다. 행동이 변하니 삶도 조금씩 달라졌어요. 새로 산 책장에 읽은 책이 한 권 한 권 늘어났습니다.

글쓰기 수업 중 **'인생은 모든 게 누적'**이란 강사의 말이 떠올랐습니다. 작은 성취를 하나씩 이루면서 '할 수 없다.'란 생각이 '나도 한다.'로 바뀌었습니다. 그게 진짜 시작이었습니다. 하루 10분 책 읽기, 하루 세 잔 물 마시기,

알람이 울리면 3초 센 후 벌떡 일어나기, 하루 한 편 블로그 글 올리기……. 삶이 달라졌습니다.

시작은 두렵고, 변화는 어렵게만 느꼈습니다. 하지만 반복된 노력이 결국 변화를 만들어 낸다는 걸 깨달았지요. 시작하기에 완벽한 때란 없습니다. 중요한 건 '할 수 있다'란 믿음이죠. 나를 바꾼 건 생각이 아니었습니다. 그냥 하는 것! 결국 시작이 전부였습니다.

마음에 담는 하루 한 줄

"인생은 주어진 길을 걸어가는 것이 아니다. 스스로 길을 만들어 가는 여정이다."

내 길을 찾아야 합니다. 그래야 흔들려도 멈추지 않고 나아갈 수 있습니다.

— 프리드리히 니체, 『위버멘쉬』를 읽고

---

5. _____   정답보다 해답을

"너는 차를 어디에 주차한 거야? 경찰한테 전화 오고, 세차장에서 전화 오고 난리 났어. 지금 어디야?"

동대구로 가는 기차 안, 김미예 작가와 웃으며 이야기를 나누고 있었지요. 가방 안쪽에 넣어둔 핸드폰이 부르르 울렸습니다. 화면에 뜨는 '남편'이란 이름을 보는 순간 뒷골이 싸늘했습니다. 느낌이 좋지 않았어요. 미예 작가에게 핸드폰을 흔들며 복도로 나가 전화를 받고 오겠다고 말했습니다. 출렁다리처럼 흔들리는 열차 안, 술에 취한 사람처럼 같이 비틀거리며 통로로 나갔습니다. 그사이 끊어진 전화를 들고 숨을 깊게 들이쉬었습니다. 통화버튼을 눌렀지요.

"이현주! 너 차 장재리 어디에 주차했어?"

"천안아산역 근처 주차장에 했지. 왜?"

"그럼, 차는 언제 빼는 거야?"

"밤에나 가능하지. 10시는 넘어야 천안에 올 건데……. 왜?"

"뭐! 너 지금 어딘데?"

"나? 지금 대구 가고 있는데."

전화기 너머로 들리는 긴 한숨 소리, 저도 한숨을 쉴 수밖에 없었습니다.

2022년 1월 24일 금요일, 자이언트 북 컨설팅 라이팅 코치 8기 수료식이 대구에서 있었습니다. 천안아산역에서 김미예 작가를 만나 KTX 열차를 타고 동대구로 갑니다. 부지런히 준비하고 여유롭게 길을 나섰습니다. 처음 기차역에 갈 때 아무 생각 없이 차들이 세워진 길가에 주차했습니다. '괜찮겠지.' 생각했는데 4만 원짜리 주차위반 딱지를 떼고 난 후 역 근처 유료 주차장을 이용합니다. 하루 종일 주차해도 5천 원! 벌금에 비하면 너무 착한 비용이지요. 기차역에 갈 일이 있으면 무조건 주차장을 이용합니다. 그런데 도대체 뭐가 문제란 말인지…….

주차장에서 10분 정도 걸어야 기차역이 나옵니다. 조금 덜 걷고 싶은 마음에 가장 가까운 빈자리에 주차했어요. '앗싸! 이렇게 좋은 자리가 있다니 역시 난 운이 좋다니까.' 입꼬리를 한껏 올리며 웃었습니다. 미예 작가와 만나 하하 호호 기분 좋게 기차에 올라탔죠.

가까운 자리에 주차하고 싶은 마음에 주변을 살피지 못했습니다. 큼지막하게 쓰여 있던 '세차장 입구 주차금지'란 글자를 보지 못했던 거죠. 왜 다른 차들이 없었는지, 왜 이런 좋은 자리가 비었는지 생각할 겨를이 없었습니다. 정신이 다른 데 팔려 있었던 거죠. 이유를 듣고 나니 머리를 쥐어박고 싶었습니다. '왜 그랬을까, 왜 보지 못했지?' 얼굴을 벌게지고 심장이 두근거렸습니다. 이미 벌어진 일 후회해도 소용없었죠. 자책한다고 문제가 해결되는 건 아니었습니다. 해결 방법을 찾는 게 우선이었습니다.

남편이 보낸 문자를 확인했습니다. 세차장 관리인 전화번호를 확인했습니다. 후, 깊이 숨을 내쉬었습니다.

"저, 4295 차주인데요. 주차를 잘 못했다고 연락을 받았어요. 죄송합니다."

마치 눈앞에 관리인이 보이는 듯 연신 고개를 숙여 사과했습니다. 모르고 한 실수지만 잘못했다면 사과하는 게 당연하니까요. 반복된 사과에 높았던 관리인의 목소리가 낮아졌습니다. 차가 세차장 입구를 완전히 막은 건 아니라고 합니다. 하지만 세차장으로 진입하는 차들이 자칫 잘못하면 부딪칠 것 같으니, 차를 빼달란 말을 했다고 하네요. 당장 갈 수 없는 상황을 설명하고 어떻게 하면 좋을지 방법을 물었습니다.

"네? 30만 원이요?"

주차장 영업을 방해했으니 비용 30만 원을 내라고 합니다. 아니면 견인해서 차를 빼라고 했습니다. 조금 깎아주면 안 되는지 물었죠. 주인이 아니라 깎아줄 수는 없다고 합니다. 최대한 빨리 견인차를 알아보겠다고 했더니 불법 주차라 보험회사에서도 안 해 줄 거란 말을 했어요. 바로 알아보고 연락을 주겠다하고 전화를 끊었습니다.

네이버에 '천안 견인' 검색했습니다. 첫 번째 나오는 업체에 전화를 걸었죠. 다행히 바로 견인 가능하다고 했습니다. 근처 빈자리로 옮겨 주차해 준다고 했어요. 뻣뻣하게 굳었던 어깨가 내려앉았습니다.

"사이드 풀어 두셨죠?"

"그럼요, 그럼요!"

주차했다는 말을 들어야 안심을 할 수 있을 것 같았어요. 동대구에 내려 택시를 타고 행사장으로 이동했습니다. 이동하면서 중간중간 견인차 기사와 통화를 했지요.

"사이드 걸어 두셨네요? 이러면 견인할 수 없어요."

"제가요? 사이드를 걸어 두었다고요?"

이게 말이 돼? 영업 방해로 30만 원 내라는 말보다 더 놀라웠습니다. 울고 싶었지요. 동동거리는 제 목소리에 동의한다면 억지로 문을 열어 사이드를 풀고 견인할 수 있다고 합니다. 문을 열다 보면 기스가 생기거나 살짝 휘어질 수 있다는 말을 하면서요.

"괜찮아요. 마음대로 해 주세요!"

추가 비용은 1만 원이라고 했습니다. 5만 원이 들어도 10만 원이 들어도 옮겨야 했지요. 아무리 해도 30만 원보다는 저렴했으니까요. 10여 분 후 빈자리로 옮겨 주차했다는 문자와 함께 사진을 받았습니다.

삶은 생방송

수료식에 도착한 작가들과 인사를 나눴습니다. 맛있는 냄새가 솔솔 풍깁니다. 갑자기 배가 고팠어요. 먹음직스러운 갈비에 오색 잡채, 새콤한 파인애플과 달콤한 오렌지, 사나흘 굶은 사람처럼 정신없이 먹었습니다. 톡 쏘는 탄산음료도 벌컥벌컥 들이켰지요. 문제가 해결되니 만사 OK! 별것 아닌 말에도 웃음이 나왔습니다.

밤 10시 40분 천안아산역에 도착했습니다.

하루가 일주일 같았습니다. 정신없이 몰아치는 파도에 이리저리 휩쓸려 다닌 느낌이었죠. 그럼에도 결말은 해피엔딩. **삶은 생방송입니다. 예상하지 못한 일들로 가득하죠. 연습할 수도 없습니다.** 순간에 최선의 답을 찾으려 노력합니다. 정답이 아닌 나에게 맞는 해답을 찾는 일이 중요하다는 생각이 들었습니다.

오늘을 되짚어 돌아봅니다. **실수도, 돌발 상황도 결국 지나고 나면 '경험' 이 됩니다.** 급하게 먹는 밥 체하지 않도록 마음의 여유를 갖고 주변을 살펴야겠습니다. 오늘도 또 이렇게 배웁니다.

마음에 담는 하루 한 줄

"생각하지 않으면 질문할 수 없다. 반대로 질문하지 않으면 생각할 수 없다."

확실한 답을 원한다면, 질문하세요. 짐작은 오해를 만들고, 질문은 이해를 만듭니다.

– 한근태, 『고수의 질문법』을 읽고

6. _____ 완벽하지 않은 글쓰기

"와! 정말 대단하죠. 50대에 배우기 시작한 글쓰기로 단숨에 베스트셀러 작가 된 멋진 분입니다. 오늘 초대 손님은 이현주 작가님이세요. 큰 박수로 모시겠습니다. 이현주 작가님을 소개합니다!"

백 명이 훌쩍 넘는 강의장을 꽉 채운 사람들, 환호와 박수 소리가 꿈결 같았습니다. 무대 뒤에서 입장을 기다리는 제 머릿속은 텅 비었죠. 청중은 곧 등장할 저를 기다리고 있었습니다. 조명이 비추는 무대 중앙에 시선을 고정했습니다. 숨을 크게 내쉬었습니다.

거실 바닥에 신문지를 깔았습니다. 갖고 있는 신발 중 가장 편한 구두를 신었죠. 거울 앞에 섰습니다. 입꼬리를 올려 웃어보았지요. 오른쪽으로 치우친 고개도 바로 잡았습니다. 어깨를 펴고 눈을 감았어요. 목을 이리저리 돌렸습니다. 후— 길게 숨을 내쉬었습니다. 마치 링 위에 올라가는 권투선수 같았습니다. 앞을 보며 천천히 걸었습니다.

"엄마, 목각인형 같아. 너무 삐걱거리는데? 자연스럽게 걸어야지."

냉장고에서 물을 꺼내 식탁에 자리 잡고 앉은 정음이가 한마디 합니다. 절 보며 깔깔 웃습니다. 저도 웃음이 터졌습니다. 고개를 끄덕이며 자연스럽게, 자연스럽게 중얼거렸습니다.

"정음아, 손은 어떻게 하지? 와! 어색해. 깍지 껴볼까?"

이렇게 저렇게 해보다가 결국 두 손을 마주 잡았습니다.

'연습한 대로만 하자, 잘하려 하지 말자.' 스스로 안심시켰어요. 잠은 잔 것도 아니고 안 잔 것도 아니었습니다. 설레고 긴장된 밤은 눈 깜짝 할 사이에 지나갔습니다. 주먹을 쥐었다 폈다 반복했어요. 고개를 숙이자 까만색 구두가 보입니다. '넘어지지만 않으면…….' 넘어지는 상상을 하니 강의장이 순식간에 코미디의 한 장면처럼 느껴졌고, 피식 웃음이 나왔습니다. 앞을 바라보고 드디어 첫걸음을 떼었습니다. 양손을 활짝 펴 가슴 높이로 들고 흔들었어요. 눈부신 조명에 순간 눈앞이 캄캄해졌습니다. 눈을 감았다 떴습니다. 그제야 객석을 가득 채운 사람들이 보입니다. 일어나 손뼉을 치는 사람과 눈이 마주쳤습니다. 미소를 지었죠.

한 사람, 한 사람 손을 마주 잡고 인사하고 싶었습니다. 고개를 깊이 숙여 인사 했습니다. 무대 중앙에 도착해 걸음을 멈췄습니다. 시끌벅적했던 장내가 조용해졌습니다. 침을 한번 꼴깍 삼켰습니다.

"안녕하세요. 이현주입니다. 반갑습니다."

2022년 12월 '자이언트 북 컨설팅'에서 책 쓰기 수업을 듣기 시작했습니다. 첫날 수업을 듣고 모니터 앞에 멍하게 앉아 있었습니다. '이제 곧 나의 베스트셀러가 탄생하는가.' 상상 속으로 빠져들었죠. 사랑, 거짓말, 재채기는 숨길 수 없다고 했던가요. 터져 나오는 웃음을 막을 수 없었습니다. 한글 파일을 열었습니다. 화면을 채운 하얀색, 깜빡이는 커서……. '뭘 쓰지?'

단어 하나, 문장 한 줄 쓴다는 게 이렇게 어렵다니, 몰랐습니다. 며칠이 지나도 똑같았죠. 이은대 작가의 책 쓰기 수업을 들을 땐 당장 열 장도 넘게 쓸 수 있을 것 같았는데요. 한글 파일만 열기만 하면 도무지 손가락이 움직이지 않았습니다. 한 글자도 못쓰는 날이 반복될수록 '난 역시 안 되나.'라는 생각이 들었죠. 언젠가 수업에서 들었던 말이 떠올랐어요. 작가라면 누구나 느낀다는 '백지의 공포', 시작도 안 했는데 벌써 겁이 났습니다.

'과연 내가 글을 쓸 수 있을까? 내 글 누가 읽기나 할까? 이상한 글 썼다고 난리 치는 거 아니야?'

아무도 제 글에 관심이 없을까 걱정했고요. 많은 사람이 읽을까 봐 두렵기도 했지요. 쓸데없는 고민을 했습니다. 내 책 갖고 싶어 시작한 공부입니다. 쓸 수밖에 없는 방법을 찾아야 했어요.

때마침 자이언트 북 컨설팅 오픈 채팅방에 공동저서 작가 모집 공고가 올라왔습니다. 열 명이 함께 쓰는 공동저서?! 이거다 싶었죠. 재고 따질 겨를이 없었습니다. 바로 신청했어요. 운이 좋았습니다. 공동저서 작가 열 명 중 한 명이 되었으니, 다른 작가들에게 피해를 줄 순 없습니다. 막다른 골목에 다다른 셈이었죠. 피할 수 없었습니다. 결국 글을 쓸 수밖에요.

"잘 쓰려고 하지 마세요. 그냥 쓰세요."

강사의 말을 듣고 깨달았습니다. 그동안 글을 쓰지 못했던 이유를 알게 됐습니다. 잘 쓰고 싶다는 생각, 멋진 문장을 쓰고 싶다는 욕심 때문이었습니다. 한 문장을 쓰고 마음에 들지 않는다고 지웠어요. 다시 쓰고, 또 지우고. 반복했습니다. 지나친 욕심을 부렸다는 걸 깨달았습니다.

세계적으로 유명한 『노인과 바다』를 쓴 작가, 어니스트 헤밍웨이도 **"모든 초고는 쓰레기다."** 라고 했잖아요. 와우! 물개박수를 쳤습니다.

"그렇지 나는 초보지. 글 초보! 잘 쓰면 그게 초보야?"

하하하 시원하게 웃었죠. 마음이 놓였습니다. 조금은 뻔뻔해지기로 했습니다. 생각이 바뀐다고 당장 글이 써지는 건 아니었지만, 그래도 한 문장, 한 문장 쓰기 시작했습니다. 가끔 주제에서 벗어난 엉뚱한 글을 쓰기도 했는데요. 괜찮았습니다. 저는 초보니까요.

돌아보면 완벽했던 순간이 있었나 싶습니다. 그저 완벽해지고 싶어 애썼을 뿐이죠. 제가 쓴 글은 다른 작가들에 비하면 거칠고 모납니다. 그래서인지 자꾸만 제가 초라해졌어요. 하지만 글쓰기와 책 쓰기를 공부하면서 모든 글은 다르다는 것을 알았죠. 열이면 열, 각자의 삶이 다르기에 글도 다를 수밖에 없습니다. 그리고 내 인생 이야기는 나만 쓸 수 있다는 것도 깨달았죠.

하찮게만 느껴졌던 제 일상도, 누군가에게는 도움이 될 수 있다는 사실을 알게 되었습니다.

여전히 '이런 글 써도 괜찮을까.' 합니다. 그럴 때마다 마음속으로 속삭입니다.

"괜찮아, 중요한 건 그냥 쓰는 거야."

마음에 담는 하루 한 줄

"사소한 것들이 모여 인생의 총합을 이룬다."

못난 글이라도 매일 써야 합니다. 잘 쓰지 못해도 괜찮습니다. 매일 쓰는 사람만이, 조금씩 나은 글을 쓰게 될 테니까요. 결국 글을 잘 쓰는 사람은 못난 글이라도 매일 쓰는 사람입니다.

— 박소영, 『새벽이 오기 전이 가장 어둡다』를 읽고

7. ＿＿＿＿＿＿＿＿＿＿＿＿ 내가 글이 되고, 글이 내가 되고

초등학교에 다닐 때는 일기 쓰기가 숙제였습니다. 매일 선생님께 검사받았죠. '참, 잘했어요.'라는 동그랗고 빨간 도장을 받으려고 애썼습니다. 없던 일도 만들었습니다. 매일 반복되는 비슷한 날 쓸 게 없었거든요. 울며 겨자 먹기로 억지로 썼던 기억이 납니다. 학교 졸업 후 더는 일기도 쓰지 않았습니다.

독서도 마찬가지였지요. 방학 숙제로 겨우 한두 권 읽었습니다. 그 후로 책은 거들떠보지 않았습니다. 숙제가 아니었다면 일기나 독서도 안 했을 겁니다.

글을 쓰는 사람? 작가? 감히 쳐다볼 수 없는 존재였죠. 같은 한글을 사용하는데 어떻게 저런 멋진 글을 쓸 수 있을까. 태생부터 다른 사람 같았어요. 작가를 하려면 상상력도 뛰어나야 하고 다양한 일을 경험해야 할 수 있다고 생각했어요. '와! 어쩜 이런 글을 쓸 수 있지? 역시 작가는 아무나 할 수 있는 게 아니야.' 넘을 수 없는 벽이었습니다. 못내 부러웠죠.

2023년 5월 첫 번째 공동저서 『오늘이 전부인 것처럼』이 출간됐습니다. 말도 안 되는 일이죠. 글 한 줄 안 쓰고 책 한 장 읽지 않았던 제가 꿈에 그리던 작가가 되었습니다. 줄줄이 비엔나소시지처럼 공동저서를 계속 출간했지요. 기회가 있을 때마다 신청했습니다. 대단한 것 없는 일상을 씁니다. 2024년 12월 잠실 교보문고에서 여덟 번째 공동저서를 들고 사진을 찍었습니다.

"잘 쓰기 위해서는 잘 살아야 합니다."

글쓰기 스승의 말입니다. 모든 글은 작가의 경험에서 비롯된다고 합니다. 오감을 통해 느끼고 깨달은 내용이 글이 된다는 말이죠. 내가 지금까지 쓴 글은 '나 자신'이었습니다.

책을 읽으면 작가의 삶과 가치관, 그리고 인생철학도 느낄 수 있습니다. 내 글을 읽는 독자들도 그렇겠죠. 내 삶이 보이고 인생의 가치관과 철학을 엿볼 수 있을 거예요. 비로소 스승의 말을 이해할 수 있었습니다.

'내가 글이 되고 글이 내가 되는 삶을 살기 위해서는 어떻게 해야 할까?' 좋은 글은 '글이 곧 삶이고, 삶이 곧 글'이 되어야 한다고 생각했어요. 이를 실천하기 위해서는 어떤 방법이 있을지 세 가지로 정리해 보았습니다.

첫째, 중요하다고 생각하는 가치를 글로 표현했다면, 실제로도 그렇게 살아야 합니다.

글은 단순히 문장을 나열하는 것이 아닙니다. 작가의 삶과 경험을 담는 거죠. 슬로우 리딩, 슬로우 라이팅 이 책의 주제처럼 조금 느리게 사는 삶을 쓰고 있습니다. 그런데 정작 제가 시간에 쫓기는 삶을 산다면 글과 삶이 일치하지 않는 것이겠죠. 내가 쓴 글이 보기 좋은 떡이 되어서는 안 되는 거라고 생각합니다.

예를 들면, 감사의 중요성을 강조하는 글을 썼다면, 감사 일기를 쓴다거나 주변 사람들에게 감사 인사를 건네는 습관을 들이는 것도 필요합니다. 배려를 이야기했다면, 일상에서 남을 배려하는 태도를 기르는 것도 중요하고요. 또한, 글을 쓴다는 건 삶의 철학을 기록하는 일이므로, 글을 통해 내가 어떤 사람인지 돌아볼 수 있어야 한다고 생각했습니다. 글과 삶이 일치하는지, 그렇지 않다면 어떻게 맞춰갈지 고민하는 과정이 필요하다고 느꼈죠. **내가 쓴 글의 내용과 일치하는 삶, 경험을 쓰고 실천하는 것이 글의 핵심이라 생각합니다.**

둘째, 삶이 글이 되기 위해서는 일상을 담은 글을 써야 합니다.

특별한 일이 아니더라도 하루를 돌아보면 의미 있는 순간이 곳곳에 숨어 있습니다. 중요한 것은 그것을 놓치지 않고 기록하는 습관이겠죠. 주변을 관찰하는 것 또한 중요하고요. 친구와 나눈 대화, 스쳐 지나가는 풍경, 문득 떠오른 생각이 훌륭한 글감이 되기 때문입니다. 사소한 순간을 포착하고 기록하는 연습은 작가의 삶을 담는 글 창고가 됩니다.

'매일 한 가지 글감 찾기'를 합니다. 평일 아침 5시 글쓰기 모임을 하죠. 글을 쓰기 전 독서를 하고요. 책을 읽으며 과거를 회상합니다. 저자의 삶과 나의 삶을 자연스럽게 비교해 봅니다. 한 문장이라도 꼭 써 보는 것도 좋은 글감이 되죠. 점심에는 사람들과의 만남을 통해 배우는 것 또한 글감이고요. 저녁에는 하루를 돌아보고 기억하고 싶은 순간을 기록합니다. 금방 떠올릴 수 있도록 사진과 함께 정리 해 두면 글쓰기가 한결 수월해집니다. **반복하는 행동이 결국 삶을 변화하게 만들죠.** 이런 습관들 덕분에 글을 쓸 때 주제에 맞는 글감이 떠오르게 됩니다.

셋째, 잠시 머물러 생각하는 시간을 갖습니다.

2016년 처음 책을 읽기 시작했을 땐 완독이 목표였습니다. 1년에 백 권을 읽겠다고 다짐했어요. 사람들에게 자랑하고 싶었지요. 책 읽고 부자가 됐다는 사람들의 말에 혹했습니다. 마음이 급했죠. 숨은 뜻을 살필 시간이 없었습니다. 무조건 많이, 무조건 빨리! 기억나는 글? 작가? 책의 제목? 없었습니다. 완독만이 중요했으니까요.

글을 쓰면서 책 읽는 습관이 달라졌습니다. 한 문장 한 문장을 천천히 읽습니다. 작가의 문장에 감탄하기도 하고, 쿵 울리는 문장을 만나면 책장을 덮었어요. 단 1분, 2분이라도 멈춰 생각하는 시간을 갖습니다. 쫓기듯 읽었을 때와는 다릅니다. '읽고, 쓰고, 생각하는 과정' 오늘을 더 단단하게 만들어 주었죠.

내가 글이 되고 글이 내가 됩니다. 평범한 하루가 문장이 됩니다. 문장을 통해 진짜 나를 만날 수 있습니다. 삶과 글이 연결될 때 비로소 자유로울 수 있었지요. 있는 그대로 감정을 표현할 수 있게 되었고요. 타인의 삶에 조금 더 마음이 열렸습니다. 천천히 읽고, 천천히 씁니다. 글은 삶을 닮아야 합니다. 삶은 글처럼 진실해야 하니까요. 그래서 오늘도 글처럼 살아갑니다.

마음에 담는 하루 한 줄

"다른 사람을 있는 그대로 잘 받아들이려면 먼저 자신을 받아들이는 것에서 시작해야 합니다."

성공과 실패는 알 수 없습니다. 다만 최선을 다한 나를 인정하고, 그 시간도 나의 일부였음을 받아들입니다.

― 틱낫한, 『오늘도 두려움 없이』를 읽고

---

8. _____   시간, 공간, 사람:
　　　　　　　　　　　　　　　　나를 바꾼 세 가지 힘

"같은 행동을 하면서 다른 결과를 기대하는 것은 미친 짓이다."

아인슈타인이 말한 바로 그 미친 짓! 그 짓을 끝도 없이 반복하고 있었습니다.

부자가 되고 싶었습니다. 사람들에게 인정도 받고 싶었죠. 책 읽고 인생이 달라진 사람들이 많다고 했어요. 당시 저는 책만 잘 읽어도 부자가 된다고 생각했지요. '그래, 다른 사람이 했다면 나도 할 수 있지!' 마구잡이 독서가 시작됐습니다. 읽는 재미에 빠지기도 했고요. 일주일에 한 번 토요일 오전 7시, 독서 모임에 참석하려는 목적으로 책을 읽기도 했습니다. 2020년, 어느덧 독서 모임 5년 차가 되었습니다.

"아니, 뭘 더 어떻게 해? 이 정도면 충분하지 않아!"

겉으론 달라지고 싶다고 했지만, 속마음은 '되면 좋고, 안 되면 말지.'란 생각을 했던 것 같습니다. 더는 노력하기 싫었습니다. 제게는 치명적인 단

점이 있습니다. 신이 와도 해결할 수 없는 게으름이 그것입니다. 행동을 전혀 하지 않았습니다. 다른 사람들을 부러워하고 질투했습니다. 불평불만으로 가득한 생각, 삐딱한 태도로는 달라질 수 없다는 걸 몰랐습니다.

"이현주, 내일 죽는다면 가장 후회되는 게 뭐야?"

2022년 1월 누군가 물었습니다. 주위를 둘러봤어요. 누구야?! 자정이 넘은 시간 아무도 없었죠. 가족, 부모, 주변 사람 누구도 생각하지 않고 온전히 제 마음만 들여다봤어요. '작가 이현주' 저는 제 책을 갖고 싶었습니다. SNS에 검색해 자이언트 북 컨설팅을 알게 되었죠. 두 번의 무료 특강을 듣고 한번 해 보자고 결심했습니다. 2022년 12월 등록, 책 쓰기 수업을 받기 시작했어요.

자기 계발 공부는 처음이었습니다. 글을 잘 쓰느냐는 중요하지 않았습니다. 표지에 '저자 글빛현주(이현주)' 이름이 적힌 종이책을 갖고 싶었습니다. 교보문고에 제 책이 진열되어 있고, 전국 어느 서점에 가도 제 책을 볼 수 있다는 상상. 사인을 멋지게 해 선물할 수 있고, 가까운 도서관에 가서 검색해 보면 '대출 중'이란 안내 문구가 뜨는 것! 원하는 목표가 뚜렷했습니다.

매주 수요일 저녁 9시 책 쓰기 수업을 듣기 위해 노트북 전원을 켭니다. 글쓰기 공부를 하면서 블로그도 시작했어요. 사람은 자신 외에 다른 사람에게는 별로 관심이 없다는 책 쓰기 강사의 말을 듣고 용기를 냈습니다.

2025년 3월 4일 화요일 오후 5시 책 쓰기 수업을 준비합니다. 지난주 만들었던 강의 자료를 모니터에 띄웁니다. 어깨를 펴고 반듯한 자세로 앉습니다. 얼굴에 미소를 지으며 손을 흔들어 인사합니다.

"안녕하세요! 반갑습니다! 자이언트 북 컨설팅 인증 라이팅 코치 이현주입니다."

비장한 각오로 시작한 글쓰기와 책 쓰기. '이번이 마지막 기회다.'라고 다짐했습니다. 시간이 달라지고, 공간이 달라지고, 만나는 사람도 달라졌지요. 그리고 내가 달라졌습니다.

신도 해결할 수 없을 정도로 게을렀던 내가 달라질 수 있었던 요소는 세 가지였습니다. 시간, 공간, 사람. 오늘은 이 세 가지에 대해 말씀드릴게요.

첫째, 시간이 달라졌습니다.

글쓰기 전에는 하루하루가 무의미하게 흘러갔습니다. 어제가 오늘이고 오늘이 내일이었죠. 남는 시간에 핸드폰을 보거나, TV를 틀었죠. 재미있어서 본 것도 아니었습니다. 그냥 습관처럼 틀어 놓았어요. 아이들에겐 핸드폰 그만해라, 왜 그렇게 TV만 보냐고 잔소리하면서 정작 저는 생각 없이 반복했습니다.

책 쓰기 공부하며 알게 되었죠. 변화하기 위해서는 시간을 투자해야 한다는 것을요. 자투리 시간을 이용해 책을 읽습니다. 집중이 안 되면 유튜브 강의를 듣고요. 요즘 관심 있는 '장동선의 궁금한 뇌'나 동기부여 영상 '하와이 대저택'을 봅니다. 귀에 걸리는 말을 끄적끄적 메모도 합니다. 그마저도 어렵다면 눈을 감아요. 단 5분이라도 알람을 맞추고 쪽잠을 잡니다.

가장 큰 변화는 새벽 5시에 일어나 글을 쓰기 시작했다는 것이죠. 라이팅 코치로 책 쓰기 수업을 진행하고 있습니다. 개인 저서가 없다는 게 늘 마음에 걸렸어요. 매일 글을 쓸 수밖에 없는 상황을 만들었습니다. 누구에게나 주어지는 24시간을 어떻게 보내느냐에 따라 전혀 다른 가치를 만들 수 있다는 걸 알게 되었습니다. **지금 무엇을 선택하느냐에 따라 미래가 달라진다는 것도 깨닫게 되었습니다.**

둘째, 공간이 달라졌습니다.

책장은 거실에 책상은 방에 책을 읽고 싶을 때마다 왔다 갔다 했어요. 그러다 하나, 둘 책상 위에 늘어놓기 시작했습니다. 어수선한 공간. 글만 쓰려고 앉으면 거슬리는 물건들 싹 정리하기로 했어요. 쓸 만한 물건들, 깨끗한 것들은 '아름다운 가게' 기부하기로 했고요. 책상만 정리할 생각이었는데 어느새 옷장까지 정리하게 되었습니다. 꼬박 삼일, 묵은때 벗듯 개운했어요.

3단짜리 책장을 구매해 책을 정리했죠. 같은 공간이지만 다른 느낌이 들었어요. 역시 빈틈이 있어야 사람도 공간도 원하는 것들로 채울 수 있다는 생각을 해 봅니다.

셋째, 만나는 사람이 달라졌습니다.

예전엔 저와 비슷한 성향의 사람들만 찾아다녔죠. 만나면 편안했습니다. 작가의 길을 선택하고 라이팅 코치를 시작하면서 과거의 인연과 멀어지기도 했고요. 새로운 인연을 만나기도 했습니다. 서로 다른 건 틀린 게 아니라는 걸 이해하게 되었습니다. 서로 다른 생각과 가치관을 가진 사람들에게도 차츰 마음을 열게 되었습니다. 모든 걸 다 이해하진 못해도 노력하고 있습니다. 다양한 관계 속에서 더 넓은 시각을 갖게 되었고요. 때로는 불편함 속에서 성장할 수 있다는 걸 깨달았습니다. 서로가 서로에게 영향을 주고받는 것, 인생은 '사람 공부'였습니다.

시간이 바뀌고, 공간이 달라졌습니다. 만나는 사람이 변했죠. 조금씩 성장하는 사람이 되었습니다. **작은 변화들이 모여 결국 큰 변화를 만든다는 깨달음, 책에서 읽은 내용을 직접 경험하게 되었습니다.**

'달라지고 싶지만, 환경이 날 가로막는다.'라고 생각했습니다. 하지만 환경은 선택할 수 있고, 바꿀 수 있다는 걸 깨닫게 된 거죠. 시간을 다르게 쓰고, 새로운 공간을 경험하고, 다양한 사람과의 만남을 통해 성장하고 변화하는 삶. 이 세 가지를 경험하면서 제가 원하는 방향으로 삶을 이끌어 갈 수 있게 되었습니다. 변화를 원한다면 질문해 보세요.

"나는 지금, 변화를 위해 무엇을 하고 있는가. 조금 더 나은 내일을 위해 지금 무엇을 해야 할까."

초보 작가를 위한 다짐의 말들

나는 조금씩 나아지고 있다.

나는 내 속도로, 내 리듬대로 살아간다.

나도 지금도 충분히 괜찮다.

나는 실수해도 괜찮다. 실수는 성장하고 있다는 증거니까.

나는 나를 믿는다.

나는 나만의 길을 걷는 중이다.

나는 불완전한 존재다. 그래서 더욱 가치 있다.

나는 오늘의 나를 받아들인다.

나는 다시 시작할 수 있는 힘이 있다.

나는 내가 원하는 모습에 점점 가까워지고 있다.

제 5 장

슬로우 리딩과
슬로우 라이팅 실전 연습

시도하지 않는 목표는 공상일 뿐이고,
실행하지 않는 계획은 망상일 뿐이다.

1. _____ 멈추고 생각하기

"현주야! 빨리 해, 빨리!"

　어렸을 때 '빨리빨리'란 말을 자주 들었습니다. 그래서일까요. 무엇이든 속도가 중요하다고 생각했습니다. 어쩌면 아빠의 급한 성격을 닮았을 수도 있어요. 과정은 중요하지 않았습니다. 결과만 좋으면 된다고 여겼죠. 가끔 독서도 숙제하듯 읽었습니다. 속독, 완독에 집착했어요. 재미도, 남는 것도 별로 없었죠. 글쓰기 수업을 듣고 공부하면서 급한 마음을 조금씩 내려놓게 되었습니다.

　슬로우 리딩을 하면서 책을 꼼꼼히 읽기 시작했습니다. 눈에 띄는 문장은 밑줄을 긋고 여러 번 반복해 읽었습니다. 혼자 있을 땐 감정을 담아 소리 내어 읽기도 했어요. 도서관이나 카페에서는 책을 덮고 조용히 중얼거리곤 했습니다. 눈으로 봤을 때와는 또 다른 감정이 전해졌어요. 글을 쓰기 전에는 다른 사람보다 못난 나 때문에 투덜댔는데요. 글을 쓰면서 차츰 달라졌습니다. 작가는 한 문장, 한 문장에 많은 시간과 애정을 쏟는다는 사실을 비로소 깨달았습니다. 쓰고 읽고 고민하고 고치고 다시 또 쓰고 읽고 수정하고. 어떤 책 어떤 문장도 작가의 애정 없이 탄생한 문장은 없다고 생각합니다. 그래서 더욱 천천히 읽어야겠다고 마음먹었죠. 슬로우 리딩을 하면서 깨달은 좋은 점이 많습니다. 그중 세 가지를 말씀드리겠습니다.

첫째, 작가의 의도를 이해하는 데 도움이 되었습니다.
　빠르게 읽을 때는 내용의 흐름을 따라가기만 급급했습니다. 문장을 제대로 읽지 못하고 눈에 띄는 단어만 훑고 지나갔죠. 마치 산 정상에 오르는 것을 목표로 하는 사람은 오르는 길에 핀 꽃과 나무는 눈에 들어오지 않은 것처럼 말이죠.
　슬로우 리딩을 하면서 문장을 하나하나 곱씹었습니다. 책장을 덮고 생각하는 시간을 가졌어요. 속독할 땐 작가의 의도를 짐작할 여유가 없었습니다. 그런데 슬로우 리딩은 문장과 문장의 연결, 단어의 의미를 차분히 돌아보게 했죠. 작가의 의도적 표현이나 숨은 뜻을 조금씩 이해할 수 있었죠. 특히, 고전이나 철학서처럼 함축적인 표현이 많은 책은 천천히 조금 더 느린 걸음으로 읽습니다. 그래야만 비로소 작가가 전달하려는 의미를 발견할 수 있게 되더라고요.

둘째, '문장의 아름다움'을 발견할 수 있었습니다.

작가가 공들여 쓴 문장을 읽으며 입이 다물어지지 않았습니다. 감탄사를 쏟아냈습니다. 감사했어요. 작가가 글을 쓰지 않았다면 제가 그 문장을 만나지 못했을 테니까요.

형광펜으로 밑줄을 긋고 별표도 그렸죠. 책의 여백에 문장을 그대로 따라 써 보기도 하고요. 노트를 준비해 필사도 했습니다. 반복해 읽으며 마음에 담았습니다. 예전엔 놓쳤던 문장들이 하나둘 눈에 들어왔습니다. 마치 노래를 부르는 듯 문장의 리듬도 느낄 수 있었어요. 눈앞에 펼쳐진 풍경처럼 구체적이고 섬세한 표현들, 문장을 오감으로 느낄 수 있었습니다. 특히 사람마다 말투가 다르듯 작가마다 글투가 다르다는 것도 알게 되었습니다. 서로 다른 장르의 책을 번갈아 읽으며 문장을 비교했어요. 서로 다른 매력을 느낄 수 있었습니다.

셋째, 책 속 이야기와 주인공의 감정에 빠져들게 되었습니다.

이전까진 책을 읽었다고 말할 수 없었습니다. 책장을 넘기는 수준이었죠. 머릿속에 남는 게 없었으니까요. 다른 사람에게 내용을 요약해 설명한다는 것은 힘들었습니다. 그저 '재미있었다, 슬펐다, 좋았다.' 식의 말로 표현할 수밖에 없었죠. 마치 읽지도 않은 책을 소개하는 느낌, 부끄럽고 허탈했습니다. 빠르게 스치듯 지나가는 글을 잡고 싶었습니다.

한 문장, 한 장면에 집중했습니다. 내 속도를 찾아갔어요. 몇 번 반복해 읽은 책도 처음인 듯 새로웠죠.

작가들이 문장들을 따라가다 보면 등장인물의 섬세한 심리묘사에 감탄했습니다. 마치 내가 주인공이 된 듯 감정이 풍부해졌습니다.

책에 흠뻑 빠져드는 기분, 슬로우 리딩 덕분에 비로소 경험할 수 있었어요. 오감으로 느끼는 독서, 슬로우 리딩으로 얻은 즐거움입니다.

바쁘다는 말을 입에 달고 살았지요. 하루가 어떻게 지나갔는지 몰랐습니다. 눈 뜨면 아침이고 눈 감으면 어느새 밤이었죠. 바쁘게 사는 게 잘 사는 거라고 생각했어요. 당연히 습관이 되었죠. 무엇을 하든, 어디에 가든 속도만 강조했습니다.

독서도, 글쓰기도 무조건 빨리, 빨리! 빨리 읽고, 빨리 쓰고, 빨리 결과를 내는 것이 최고라 믿었습니다.

조급한 마음을 내려놓았습니다. 의식적으로 속도를 늦추고, 문장 하나하나를 곱씹어 읽었습니다. 그 안에서 작가의 의도와 다른 나만의 의미와 가치를 발견하는 즐거움, 독서와 인생이 닮았다는 생각이 듭니다.

책을 읽다가 인상적인 문장을 만나면 잠시 멈춰보는 것, 바쁜 하루에도 잠시 걸음을 멈추어 나를 돌아보는 것. 이 문장이 나에게 무엇을 말하고 싶은지 생각합니다.

이제는 자주 책장을 덮습니다. 멈추고 생각하는 시간이 즐겁습니다. 슬로우 리딩을 한 덕분에 집중력도 늘었죠. 천천히 읽으며 얻은 깨달음이 삶에도 스며들었죠. 책과 인생, 둘 다 급하게 달릴 필요가 없다는 걸 이제야 알게 되었습니다.

인생도 독서도 슬로우 슬로우! 천천히, 그러나 깊이 있게 오늘을 살아갑니다.

마음에 담는 하루 한 줄

플리처상을 만든 미국의 언론인 조지프 플리처는 이렇게 말한다.

"무엇을 쓰든 짧게 써라. 그러면 읽힐 것이다. 명료하게 써라. 그러면 이해될 것이다. 그림처럼 써라. 그러면 기억 속에 머물 것이다."

짧게, 명료하게, 그림처럼……. 마음을 담아서 진심으로.

— 이상주, 『글쓰기로 내면의 상처를 치유하다』를 읽고

2. 한 문장 집중공략

나를 마주하고

나의 부족함을 깨닫고

나를 채워가는 것이야말로

'한 문장 집중공략'의 힘이다.

책을 아무리 읽어도 삶은 변화가 없었습니다. 독서 후 인생이 달라졌다는 수많은 자기 계발서의 말이 다 거짓말처럼 느껴졌습니다. 3년, 5년 시간이 지나도 똑같은 일상에 불만이 터져 나왔죠. 끊임없이 투덜거렸습니다. 초조했어요. 이상한 방향으로 흘러가고 있는 느낌에 뭔가 잘못하고 있다는 생각이 들었습니다. 이유를 모르니 답답했죠.

"많이 읽으면 읽을수록 좋은 거 아닌가? 도대체 얼마나 더 읽어야 하는데……. 다 거짓말 아니야?"

2021년 1월 독서 모임에서 김종원 작가의 『사색이 자본이다』, 수영·전성민 작가의 『삶은 속도가 아니라 방향이다』를 읽었어요. '이거다! 속도가 아닌 방향.' 놓치고 있었던 본질을 깨닫는 순간이었습니다. 모두 다 내려놓고 싶을 때, 그때부터가 시작이었습니다. 저에게 부족한 부분을 찾았어요. '사색의 힘', <u>스스로 생각하는 힘</u>'이 없었습니다.

그때부터 천천히 읽는 연습을 했고, 자주 멈추고 생각하려 노력했지요. 흐리게만 보였던 세상, 서서히 안개가 걷히고 있었습니다.

이은대 작가의 『강안독서』를 읽었습니다. 놀랐습니다. '이거구나. 문장 독서!' 신세계를 접했습니다. 완독도, 강박도 내려놓았습니다. 부담감도 버렸습니다.

대신 하루 한 장을 읽든, 5분을 읽든 틈나는 대로 책을 펼쳤습니다. 문장에 집중했지요. 마음에 드는 문장을 만나면 몇 번이고 곱씹어 읽었습니다. 여백에 끄적거리며 메모했습니다.

반복해 문장을 읽기 시작한 후, 마음이 편안해졌어요. 한 문장을 깊이 있게 읽고 이해하는 것을 목표로 삼았지요. 문장 속의 의미를 찾아보고 나의 언어로 해석했습니다. 과거 내 경험과 연결도 했지요. 그렇게 '한 문장 집중 공략'을 실천하면서 변화가 생겼습니다.

첫 번째 변화, 사색하는 힘을 기를 수 있었습니다.

과거에는 책을 얼마나 빨리, 얼마나 많이 읽느냐가 중요했습니다. 이제는 한 문장을 읽더라도 이해하는 것이 중요하다는 것을 압니다. 마음에 드는 문장을 발견하고 의미를 생각해 봅니다. 노트에 적어보았지요. 단순히 필사하는 것에 그치지 않았고요. 그 문장의 의미를 곱씹어 생각했어요. 내 삶에서 어떻게 적용할지도 고민했습니다. 문장을 들여다보고, 삶과 연결하는 과정을 반복하면서 이전보다 다양한 시각으로 세상을 바라볼 수 있었습니다. 단순히 지식을 습득하는 것이 아니라, 삶에 녹여내는 지혜를 얻는 기회가 되었죠.

두 번째 변화, 삶의 방향이 뚜렷해졌습니다.

책을 많이 읽어도 삶이 변하지 않는다고 느꼈던 이유는 행동하지 않았기 때문입니다. 하지만 한 문장에 집중하며, 그 문장이 내게 던지는 메시지가 무엇일지 고민했습니다. 그 과정을 통해 제가 걸어야 할 남은 인생의 방향이 조금씩 명확해지기 시작했습니다.

『삶은 속도가 아니라 방향이다』의 한 문장 "**힘든가? 그렇다면 제대로 가고 있는 것이다.**"를 여러 번 반복해 읽었습니다. 조급하게 무언가를 성취하려고만 했습니다. 힘들면 쉽게 포기했고요. 도전하지 않았습니다. 한 번도 삶의 방향에 대해서 진지하게 고민해 본 적 없다는 걸 깨달았죠.

그 이후로는 무엇을 하든 조급해하지 않으려고 노력합니다. 그리고 제가 원하는 것이 무엇인지 고민하기 시작했습니다. 하나하나 차근차근 되짚어 보고 정리하는 연습을 했습니다. 원하는 삶의 방향이 조금씩 뚜렷해졌고요. 불안감도 줄어들었습니다.

세 번째 변화, 글 쓰는 습관을 만들 수 있었습니다.

문장에 집중해 읽으면서, 자연스럽게 글 쓰는 습관도 만들 수 있었습니다. 책 속에서 인상적인 문장을 제 언어로 만드는 연습을 했습니다. 작가의 멋진 문장을 부러워하지 말고 제대로 배우기로 했지요.

반복해 연습하다 보니, 글쓰기에 대한 자신감도 생겼습니다. 제 생각을 담은 문장 한 줄. 다른 사람에게 보여주지는 않았는데요. 어느 땐 '내가 이런 문장을 쓰다니!' 감탄하기도 했습니다. 반복할수록 글쓰기의 즐거움을 발견하게 되었습니다.

책을 읽는 방식이 바뀌니, 삶도 달라졌습니다. '한 문장 집중해 읽는 습관'은 생각보다 강력했습니다. 일상에 집중할 수 있게 되었고요. 나를 알게 되었습니다. 부족함을 인정하게 되었고요. 그 부족함을 채우는 방법도 조금씩 깨닫게 되었지요. 더불어 사색하는 힘도 기를 수 있었습니다. 삶의 목표와 방향도 점차 명확해졌습니다. 무엇보다 글쓰기 능력까지 향상되었습니다. '한 문장 제대로 읽기'의 힘이었습니다.

마음에 담는 하루 한 줄

"이제부터 공부가 더 재밌어질 거예요. 인생의 목표가 생겼으니까요. 앨런 목사님이 누구나 인생의 목표를 세우고 충실히 그 목표를 좇아야 한대요. 단 먼저 가치 있는 목표를 세우는 게 중요하댔어요."

누군가의 글에 위로받았던 그 순간처럼, 내 글도 누군가에게 따뜻한 위로가 되길 바랍니다.

— 루시 모드 몽고메리, 『빨강 머리 앤』을 읽고

3. _____ 문맥을 알면 구조가 보인다

책을 쓴다는 건 마치 건물을 짓는 과정과 비슷하다는 생각이 듭니다. 건물을 지으려면 기초 공사가 중요하듯 글의 구조도 탄탄해야 합니다. 글쓰기는 단순히 단어나 문장을 마구 늘어놓는 건 아니니까요. 주제에 맞는 단어와 문장이 모여 하나의 책이 되는 것! 벽돌 하나하나를 쌓아 건물 구조를 이루는 것이란 느낌입니다. 단어가 한 개를 벽돌에 비유한다면, 그것만으로는 큰 의미를 갖기 어려울 수도 있습니다. 하지만 벽돌을 차곡차곡 쌓아 올리면 튼튼한 벽이 되고 나중에는 건물이 되겠죠. 마찬가지로 단어가 모여 문장을 이룹니다. 문장이 문단으로, 문단이 모여 한편의 글이 완성되는 거죠. 중요한 것은 단어가 문장 속에서 어떤 의미로 쓰였는지를 알아야 한다는 거고요. 어떤 뜻으로 해석해야 하는지가 중요합니다. 문맥을 알고 구조를 이해한다면 글의 흐름과 핵심을 파악하는 데 큰 도움이 됩니다.

매주 토요일 오전 7시 독서 모임을 합니다. 일주일에 책 한 권을 정해 읽고 이야기를 나눕니다. 2016년 6월에 시작했습니다. 십 년이면 강산도 변한다는데 저는 한 자리만 돌고 있는 팽이 같았어요. 있는 힘껏 돌다가 지쳐 나가떨어질 것 같았죠. 모임에 나온 사람들의 이야기를 듣고 있으면 내가 점점 작아졌습니다. 순서가 다가올수록 머릿속이 텅 비었죠. 무슨 말을 해야 할지, 얼굴은 붉어지고 손바닥은 축축해졌습니다. 횡설수설 정리하지 못 한 말들이 공중에 흩어졌어요.

자이언트 북 컨설팅에서 매주 목요일에 '이은대 문장 수업'을 듣습니다. 책 쓰기 수업에선 글 쓰는 방법에 대해 배우고요. 문장 수업에서는 퇴고하는 방법을 배우죠.

카페에 올라온 초고로 실시간 퇴고를 하는데요. 처음엔 어리둥절했습니다. 수업 시간에 올라온 글은 모두 훌륭했거든요. '아니 뭘, 대체 왜, 얼마나? 고칠 데가 어딨어?' 이해가 되지 않았습니다. 그럼에도 이유가 있겠지 생각했습니다. 반복해 수업을 듣다 보니 깨달았어요. '전달'이 중요하다는 걸 알게 되었죠.

글은 문자만 나열하는 것이 아닙니다. 작가의 생각을 담는 그릇이고요. 감정을 전달하는 통로입니다. 작가와 독자는 글을 통해 서로 연결됩니다. 소통과 공감이죠. 작가와 독자가 잘 소통하기 위해서는 작가의 의도를 파악해야 합니다. 그러기 위해서는 문맥을 이해해야 하는 거죠. 문맥을 알지 못한다면 글의 구조도, 책의 주제도, 내용도 제대로 파악하기 어렵습니다. 제가 그랬던 것처럼요.

배우고 공부한다고 바로 잘할 수 있는 건 아닙니다. 하지만 꾸준히 노력한다면 반드시 나아집니다. 문맥을 알기 위해 사용하는 방법이 있습니다. 이러한 방법은 정답이 아닐 수도 있습니다. 다만 저와 비슷한 독자가 있다면 조금이나마 도움이 되고 싶은 생각입니다. '문맥 파악을 위한 세 가지 방법' 지금부터 말씀드리겠습니다.

첫 번째, 인과관계 파악하기

문맥을 이해하려면 인과관계를 파악하는 것 중요합니다. 책을 읽을 때 단순히 문장을 읽기만 하는 것은 아닙니다. 문장 속에 있는 정보를 파악하고요. 등장인물의 관계를 이해합니다.

'얼굴이 붉어지고 손바닥이 축축해졌습니다.'라는 문장만 본다면 어떤 이유로 얼굴이 붉어졌는지, 왜 손바닥이 축축해졌는지 알 수 없습니다. 하지만 앞의 단락과 문장을 읽는다면 상황을 이해할 수 있게 됩니다. 앞뒤 문장을 읽고 글의 정보를 받아들일 때, 서로의 관계를 이해함으로써 글의 흐름을 파악할 수 있게 되는 거죠.

인과관계는 이러한 구성의 핵심 요소로 전체 흐름을 파악하는 데 필수라 할 수 있습니다. 이러한 인과관계는 글을 쓸 때도 중요합니다. 특히 독자를 설득하려면 주장에 맞는 근거를 제시해야 하는데요.

예를 들어 작가가 '운동을 하면 건강에 좋습니다.'라는 주장을 하고 싶다면 주장에 맞는 근거가 필요한 거죠. 어떤 운동이 어떻게 좋은지, 작가는 어떤 운동을 해서 건강이 좋아졌는지. 작가가 실제 경험한 스토리를 쓰는 것이 글을 읽는 독자를 설득할 수 있는 방법입니다. 작가가 경험을 통해 얻은 배움은 부정할 수 없는 사실이니까요.

두 번째, 핵심 키워드 찾기

글을 읽을 때 핵심 키워드를 찾으려 노력합니다. 핵심 키워드 중심으로 내용을 정리하면 작가의 메시지를 더욱 선명하게 기억할 수 있습니다. 전체 흐름을 파악하고 글의 요점 확인하고 이해하는 데 도움이 됩니다. 핵심 키워드는 중요한 의미를 담고 있는 반복되는 단어입니다. 글의 주제를 빠르게 파악하고 싶다면 키워드 찾는 독서를 권합니다.

핵심 키워드는 글을 읽을 때만이 아니라 글을 쓸 때도 중요합니다. 핵심 키워드를 정해 놓는다면 구체적이고 명확한 글을 쓸 수 있고요. 또한 글이 산으로 가는 것을 방지할 수 있습니다. 방향이 선명한 글은 독자의 이해를 돕는 데 도움이 됩니다.

세 번째, 육하원칙 '누가, 언제, 어디서, 무엇을, 어떻게, 왜'

예를 들어 '밥을 먹었다.'라는 문장이 있다면 무엇이 궁금할까요? '누구와 먹었는지, 언제 먹었는지, 장소는 어딘지, 메뉴는 무엇인지, 어떻게 먹게 되었는지, 왜 먹었는지' 궁금합니다.

육하원칙이 선명하지 않다면 작가의 문장을 신뢰하기 어렵습니다. 글이 세상에 나오면 부족한 부분이 있어도 일일이 찾아가 답변해 줄 수는 없으니, 육하원칙으로 생생하게 보여주는 글을 써야 합니다. 독자가 글을 읽고 상황을 파악하고 흐름을 이해할 수 있는 필수 조건이에요. 시간적인 흐름과 공간을 알 수 있도록 구체적으로 쓰는 글, 일어난 사건의 이유와 배경을 이해할 수 있는 중요한 요소가 됩니다.

글의 구조를 이해하고 문맥을 파악한다는 것은 손에 지도를 들고 길을 찾아가는 일과도 같습니다. 지금 어디쯤인지, 어디로 가야 할지를 알려주는 나침반 역할을 하죠. 글을 읽을 때뿐 아니라 쓸 때도 마찬가지입니다. 구조를 세우고 글을 쓴다면 방향 잃지 않고 주제에 맞는 글을 쓸 수 있습니다.

예전에는 '끝내는 것'에만 집중했습니다. 어느 순간 **문맥과 구조를 이해하지 못한 채 쓰는 글은 내 생각과 감정을 온전히 전달하지 못한다는 걸 알았습니다.**

이제는 달라졌어요. 빠르게 읽고 쓰는 대신 천천히 읽고 선명하게 쓰려고 노력합니다. 전체 흐름을 놓치지 않고 생각과 감정을 잘 전달할 수 있는 글을 쓴다는 게 독서와 글쓰기의 본질이라는 생각도 합니다. '슬로우 리딩'과 '슬로우 라이팅' 속도가 아닌 방향에 집중할 때 비로소 내가 쓴 문장이 내 삶을 닮아갑니다. 오늘도 한 손엔 지도를, 다른 손엔 나침반을 들고 글 쓰러 갑니다.

마음에 담는 하루 한 줄

"성공하고 싶다면 원하는 바를 가져라. 행복하고 싶다면 가진 것을 즐겨라."

내가 뭘 원하는지도 중요하지만, 이미 가진 게 무엇인지 아는 게 더 중요합니다.

— 강용수, 『마흔에 읽는 쇼펜하우어』를 읽고

4. _____ 끌어당김의 문장 사랑하기

우리는 살면서 수많은 문장을 만나게 됩니다. 책을 읽다가, 길을 걷다가, 대화를 나누다가. 문득 그렇게 마음을 흔드는 문장을 만나곤 하지요. 어떤 문장은 바람처럼 스쳐 지나가고요. 또 어떤 문장은 강하게 저를 끌어당깁니다. 마치 자석처럼요. 계속해서 입속에 맴돌죠. 자꾸 생각납니다. 문장에서 어떤 힘이 느껴집니다. 생각하고 행동하게 만들죠. 결국 문장에는 삶을 바꾸는 힘이 있습니다.

대체로 우리는 어떤 문장에 끌어당겨질까요. 또 문장을 사랑한다는 것은 무엇일까요. 나를 끌어당긴 문장, 사랑하는 방법을 소개하겠습니다.

우선, 문장이 끌어당긴다는 건 무엇일까요?

끌어당긴다는 것은 매력이 있다는 뜻이라 생각합니다. 매력이 있다는 것은 관심을 끈다는 것과 조금 다릅니다. 좋은 일로 관심을 끌 수도 있지만 반대의 경우도 종종 있으니까요. 관심은 주목하게 만드는 힘이 있지만 끌어당김은 관심을 넘어선다고 생각합니다. 끌어당김에는 변화시키는 힘이 있습니다.

어떤 문장을 만나면 감동하게 되고요. 또 어떤 문장은 깨달음을 줍니다. 또 다른 문장에서는 위로를 얻기도 하죠. 2016년 봄, 우연히 만나 지금까지 마음에 품고 있는 문장이 있습니다.

점심을 먹고 사무실에 들어왔습니다. 커피 한 잔을 종이컵이 찰랑거릴 정도로 가득 탔습니다. 자리에 앉았죠. 하품이 나왔습니다. 컴퓨터 전원을 켰어요. 파일을 열고 커피를 마셨습니다. 다음 주 제주도에서 진행하는 집단 프로그램에서 사용할 자료를 마무리해야 했습니다. 50세 이상 구직자들을 대상으로 진행하는 프로그램이었습니다. 제가 진행하는 첫 번째 집단 프로그램이라 설레기도 하고 걱정도 됐지요. PPT 마지막 장에 사진이나 명언을 넣어 마무리하고 싶었어요. 인터넷 사이트 여기저기 돌아다니며 자료를 찾았습니다. 그때 발견한 문장입니다.

"어느 누구도 과거로 돌아가 새로 시작할 수 없지만, 누구나 지금부터 시작해 전혀 다른 결과를 만들어 낼 수는 있다." - 카를 바르트 (2016년 5월 누군가의 네이버 블로그에서)

문장을 마주하는 순간 얼마나 고마웠는지 모릅니다. 하고 싶은 일이 있어도 실패할까 두렵고, 비난받을까 겁나 시도조차 하지 못했던 나에게 힘이 되었습니다. 지금 시작해도 늦지 않았다는 위로를 받았어요. 결과는 내가 만들어 낸다는 용기도 얻었습니다. 요즘도 가끔 마지막 PPT에 이 문장을 넣습니다.

모두에게 똑같은 감정으로 다가갈 순 없지만 나이 때문에, 너무 늦었다는 생각이 들어 포기하고 싶을 때, 이 문장을 떠올립니다. 덕분에 새로운 삶, 작가와 라이팅 코치에 도전할 수 있었으니까요. 이 외에도 나를 끌어당기는 문장은 많습니다. 꼭 필요할 때 보이는 문장, 신기할 정도로 상황에 딱 맞아떨어지는 문장들. 어쩌면 문장과 내가 서로에게 끌리는 게 아닌가 합니다.

이 글을 읽는 독자분들도 언제 어느 때 끌리는 문장, 끌어당기는 문장을 만날지 모릅니다. 책장을 천천히 넘기다 보면 마음에 들어오는 문장이 있을 거예요. 그런 문장이 있다면 그 문장이 지금 나에게 하려는 말이 무엇인지 생각해 보세요. 반드시 도움이 될 겁니다.

끌어당김 문장을 사랑하는 방법은 무엇일까요.

문장을 사랑한다는 것은 무엇일까. 문장을 사랑한다는 건 어떻게 표현한다는 걸까. 생각해 봤어요. 사랑은 표현이라 생각합니다. 저는 좋아하는 문장을 반복해 읽어요. 핸드폰에 녹음해 다니기도 하고요. 여기저기에 눈에 보이는 곳에 써 놓습니다. 운전하며 듣기도 합니다. 문장의 의미를 곱씹어 생각합니다. 그리고 삶에 적용하려고 노력하는데요. 제가 문장을 사랑하는 세 가지 방법을 소개하겠습니다.

첫 번째, 기록하기

전에는 좋은 문장, 끌리는 문장을 만나도 그냥 넘겼습니다. 어떻게 이런 문장을 썼을까, 속으로만 감탄했지요. 서너 번 중얼거린 게 다였죠. 나중에 기억하려고 애써도 떠오르지 않았습니다. 아까운 문장을 많이 놓쳤습니다. 그런데 요즘엔 다릅니다. 책을 읽을 때 만나는 문장은 책 여백에 반복해 씁니다. 한 글자, 한 글자 꾹꾹 눌러쓰면 눈으로 읽을 때와 느낌이 다릅니다. 포스트잇에 날짜도 기록하고요. 핸드폰으로 사진을 찍어 블로그에 포스팅합니다. 시간 지나 다시 읽어보면 당시 감정이 떠오릅니다. 같은 문장이라도 새로운 의미로 다가오기도 하죠. 최근엔 문장을 모으는 노트를 따로 만들어 들고 다닙니다.

기록한다는 건 문장을 온몸으로 사랑하는 것이란 생각을 합니다.

두 번째, 문장을 천천히 소리 내어 읽기

눈으로 읽는 것은 소리 내어 읽는 것과 다릅니다. 눈으로 읽으면 문장을 겉넘기도 하고 끝까지 읽지 않기도 합니다. 마침표까지 읽어야 하는데 말이죠. 그런데 천천히 소리 내어 읽으면 다릅니다. 끌리는 문장을 만나게 되면 일단 멈추고 눈으로, 입으로, 마음으로 읽습니다. 반복해 읽어요. 문장이 갖고 있는 리듬과 울림이 더 크게 다가옵니다. 달콤쌉싸름한 초콜릿 하나를 혀끝에 올리고 입안에 굴려 넣는 맛! 문장의 다양한 맛을 느낄 수 있었습니다.

세 번째, 삶에 적용하기

고등학교 때 처음 읽은 『어린 왕자』, 성인이 되어 다시 읽게 되었습니다. 독서 모임 덕분이었죠. 같은 책이지만 다른 느낌을 받았습니다. 동화책 같은 표지, 아이들이 보는 책이라 생각했는데요. 읽다 멈추길 반복했습니다. 특히 눈이 번쩍 뜨인 문장 한 줄!

"가장 중요한 것은 눈에 보이지 않아."

앙투안 드 생텍쥐페리의 『어린 왕자』에 나오는 문장입니다. 눈에 보이는 것만 집중했습니다. 다른 사람이 어떻게 생각하는지 눈치 봤습니다. 제 마음도 상대방의 마음도 볼 줄 몰랐죠. 문장 덕분에 내면에 집중하게 되었습니다. 제 마음을 살피듯 다른 사람을 배려하는 마음도 깊어졌습니다. 문장의 의미를 이해하고 실천한 덕분입니다.

문장은 위대합니다. 생각을 흔들고, 마음을 어루만지기도 합니다. 행동을 변화시키는 힘도 갖고 있죠. 좋은 문장을 만나고, 문장에 끌어당겨집니다. 문장을 사랑하며 살아가는 것은 저의 삶을 더욱 풍요롭게 만들어 주었습니다.

꼭 제가 소개한 위의 세 가지 방법이 아니어도 괜찮습니다. 마음을 사로잡는 문장을 만난다면 단단히 잡아 보세요. 나만의 방법으로 기록하고, 소리 내어 읽고, 행동으로 실천하다 보면 문장은 우리의 삶을 더 나은 방향으로 이끌어 줄 것입니다.

5. _____   소리 내어 읽는 힘

"마음에 와닿는 문장, 마음이 끌리는 단락, 책 읽어 드립니다. 주앤미 우베셀입니다."

2025년 1월 2일 길게 숨을 내쉬었습니다. '등록' 글자에 마우스를 옮기고 버튼을 꾹 눌렀죠. 첫 번째 '책 읽어 드립니다.' 코너의 영상을 공개했습니다. 초보 유튜버입니다. '주앤미 우베셀'이라는 채널을 운영하고 있는데요. 초보 작가를 만나 인터뷰하고 책도 소개합니다. 그 밖에 개인 사업이나 프로그램, 프리랜서나 강사, 자신을 알리고 싶은 사람들의 홍보를 돕고 있습니다. '주앤미 우베셀' 채널 이름은 글쓰기 스승인 이은대 작가가 지어주었습니다. 글빛현주의 주, 김미예의 미, 우베셀은 '우리끼리 베스트셀러'라는 뜻의 줄임말입니다. 저는 의미를 하나 더했어요. 우리 인생 베스트셀러! 우리 모두 각자 인생이 베스트셀러니까요.

우베셀 유튜브 채널에서 책 홍보를 희망하는 작가들과 인터뷰 일정을 잡습니다. 인터뷰하기 전 작가의 책을 읽죠. 저는 진행자인 동시에 독자가 됩니다. 책을 읽고 이야기를 나누다 보면 자연스레 작가와 가까워집니다. 작가가 쓴 문장이나 글로 작가를 소개하는 것도 의미 있습니다. 대화를 이해하기도 쉽죠. 글에는 작가의 생각과 삶의 가치관이 묻어나거든요. 그렇게 인터뷰를 마치면 사람과 글에 애정이 생깁니다. 그 후 작가의 책을 다시 펼쳐보게 됩니다.

처음엔 그저 초보 작가의 책 홍보를 돕겠다는 마음에서 유튜브 채널을 시작했습니다. 이름만 대면 누구나 알 수 있는 유명한 작가들과 다르게 출판 시장에 첫발을 뗀 초보 작가는 책 판매나 홍보가 어렵거든요. 전엔 몰랐어요. 그땐 강 건너 불구경하듯 남의 일이라고 생각했으니까요. 하지만 내 책을 출간하겠다, 작가의 삶을 살겠다고 결심한 이상 남의 일이 아니었습니다. 언제든 책을 출간한다면 경험할 일이죠.

인터뷰만으로 홍보하기엔 뭔가 부족하다는 생각이 들었습니다. 더 좋은 아이디어가 없을까, 고민했죠.

"작가님! 우리 책에 있는 문장이나 단락을 읽어 올리는 건 어때요?"

"오! 좋은 생각이네요. 작가도 소개하고, 책도 소개하고. 주앤미 우베셀하고 딱 맞네요."

같이 채널을 운영하는 김미예 작가 생각이었습니다.

단락은 각자 한 개, 문장은 각자 다섯 개씩 선택해 읽기로 했습니다. 조용한 공간에서 녹음해야 했어요. 숨조차 크게 내쉴 수 없었습니다. 쉽지 않았죠. 녹음한 목소리를 들으면 어색해서 눈살을 찌푸렸습니다. 그야말로 손발이 오그라들었죠. 내 목소리가 아니었습니다. 김미예 작가와 같은 문장에 밑줄을 그었을 땐 책을 다시 뒤적거리게 되었습니다. 잘 나가다 발음이 세거나 버벅거리면 허벅지를 꼬집어도 나오는 웃음을 참을 수 없었어요. 한번 터진 웃음은 쉽게 가라앉지 않았죠. 결국 눈물을 훔치며 녹음을 멈췄습니다. 첫날 포기했어요. 각자 집에서 녹음한 후 편집하기로 했습니다.

아침엔 목소리가 잠겼습니다. 저녁엔 목소리가 갈라졌어요. 낭독하면서 따뜻한 물을 수시로 마셨어요. 조금 더 잘, 또박또박 읽어야겠다고 생각했습니다. 여러 번 반복했어요. 그럼에도 어색하고 부끄러운 건 여전하더라고요.

"오늘은 K 작가님의 ○○○ 책 중 마음에 와닿는 문장을 읽어 드리겠습니다."

유튜브 영상 속 낭독은 이렇게 시작합니다. 책 속의 문장, 단락이 마음을 울릴 때 그 부분을 블로그에 옮겨 적습니다. 중얼중얼 소리 내어 읽어보죠. 문장이나 단락에서 느껴지는 감정을 잘 전달하고 싶었습니다. 선택한 문장은 책 속 수많은 문장 중 단 하나입니다. 하지만 작가의 고민과 노력 끝에 탄생한 문장이기에 소홀히 대할 수는 없었지요.

"문장을 들으니, 책이 궁금해졌어요."

"목소리 덕분에 문장의 느낌이 잘 와닿았어요."

"혼자 읽을 때는 놓쳤던 내용인데 들으니 다르게 느껴지네요."

주변 사람들의 긍정적인 반응을 들으면 낭독하길 잘했다고 생각했습니다.

낭독은 제가 느낀 감정을 정직하게 전하는 방법들 가운데 하나였어요. 그래서 더욱 진심을 담아 글을 읽게 되었죠.

낭독하면서 책 읽는 맛을 알게 됐습니다. 하루 한 줄이라도 꼼꼼히 읽고 생각하는 시간을 갖는 게 즐겁습니다. 앞으로 만나게 될 책 속 문장을 생각만 해도 벌써 설렙니다.

낭독은 연결입니다. 작가와 읽는 사람을 연결하고요. 읽는 사람과 듣는 사람을 연결합니다. 종이 위에 멈추어 있던 문장이 목소리를 만나면서 살아 움직입니다. 작가가 갖고 있는 글투와 감정이 내 느낌과 감정을 만납니다. 하나로 엮이면서 귀로 듣고 마음에 담습니다. 잊지 못할 경험이 되었죠.

유튜브 영상 속 낭독은 십몇 분, 짧습니다. 하지만 그 시간이 가장 깊은 시간이 됩니다.

글을 쓰는 일, 유튜브 영상을 만드는 일 그리고 책을 읽는 일은 **결국 '나를 이해하고, 너에게 다가가는 일'이라 생각합니다.**

책과 글을 통해 마음을 건네는 일, 오늘도 핸드폰 녹음기를 켜고 책을 펼칩니다. 그리고 한 문장씩 소리 내어 읽습니다. 되도록 천천히, 또박또박! 마음을 잘 전달하기 위해서 그리고 어쩌면 우연히 저의 목소리를 마주할지 모를 누군가를 위해서.

마음에 담는 하루 한 줄

"경쟁 속에서는 누구도 자신으로 존재할 수 없다. 그래서 모두가 다 자기 자신으로부터 소외되어 있다."

나는 나로 존재합니다. 지난 과거와 현재를 받아들이고 온전히 나 자신으로 살아간다는 뜻입니다.

– 최진석, 『탁월한 사유의 시선』을 읽고

6. ─────────────── 나만의 어록 만들기

책을 읽는다는 건 작가의 삶을 들여다보는 일입니다. 생각과 가치관을 엿볼 수 있고요. 작가의 일상을 그려볼 수 있습니다. 느린 걸음으로 책을 읽으며 지금에 집중할 수 있게 되었죠.

천하무적 독서 모임 '천무', 자이언트 북 컨설팅에서 진행하는 서평 쓰는 독서 모임입니다. 한 달에 두 번, 둘째 넷째 일요일 저녁 8시 온라인에서 만납니다. 책 이야기를 나누고요. 독서 노트도 작성합니다. 마지막엔 블로그 서평도 발행하죠. 그저 읽고 끝났던 독서와는 다릅니다. '남는 독서'입니다.

무엇보다 소회의실에서 여러 작가와 이야기를 나누는 것이 가장 좋습니다. 책을 여러 번 반복해 읽은 느낌이고요. 하나를 주고 몇 배를 얻어 가는 독서토론은 천무의 꽃입니다. 22회부터 참석한 천무가 어느새 74회가 되었습니다.

천무에서 나만의 어록을 만듭니다. 만드는 방법은 첫째, 마음을 움직이는 책 속 문장 하나를 선택합니다. 둘째, 문장의 어순과 구성요소, 글자 수를 확인합니다. 셋째, 나만의 언어와 글투로 새로운 문장을 만들어 봅니다.

처음에는 막연했습니다. 중학교 국어 시간도 아니고 불편했습니다. 책 속 문장을 따라 내 문장을 만드는 일이 얼마나 도움이 된다고.

책 쓰기 스승은 강조했습니다. 문장을 만드는 일이 글 쓸 때 반드시 도움이 된다고 했죠. 10년 동안 매일 글을 쓴다고 했습니다. 블로그에 그대로 다 나와 있었습니다. 믿을 수밖에 없었죠.

책 한 권에 한 문장이니 부담되는 것도 아니었죠. 한 번 두 번 어록을 만들면서 알게 되었습니다. 좋은 문장은 이미 세상에 나와 있습니다. 그런 문장을 이용해 나만의 어록을 만드는 일은 글쓰기에 도움이 되었습니다. 그중 세 가지를 말씀드릴게요.

첫 번째. 생각을 확장할 수 있었습니다.

책 속 문장은 작가의 고민과 생각이 만들어 낸 결과입니다. 그런 문장을 이용해 나만의 어록을 만든다는 것은 문장을 이해하는 것에 그치지 않습니다. 문장을 재해석해야 하고요. 내 삶과 연결된 문장을 만들기 위해 고민해야 합니다. 그러한 과정을 통해 자연스럽게 생각이 확장되었죠.

'아, 이 문장이 내 얘기를 하고 있구나.' 문장은 거울이 되어 나를 비추었고요. 내면을 되돌아보게 만드는 힘이 있다는 것을 깨닫게 되었습니다.

책을 읽고 문장을 필사합니다. 필사를 바탕으로 떠오르는 감정이나 경험,

생각을 자유롭게 씁니다. 쓰다 보면 문장이 되었고, 어느새 단락이 되었습니다. 삶의 이야기를 담은 글이 되었습니다. 덕분에 '나'를 더 잘 알게 되었습니다.

두 번째, 표현력이 향상되었습니다.

문장을 만들어 보는 연습은 내 생각과 감정을 구체적인 언어로 바꾸는 힘을 키워줍니다. 평소에는 그저 스쳐 지나가던 감정이나 생각들이 문장을 쓰는 과정에서 '말'이 됩니다.

예를 들어, 대화를 나누다 보면 '기분이 좀 그랬어.'라고 뭉뚱그려 표현하는 일이 많았는데요. 문장을 만드는 연습을 통해 '어디를 쳐다봐야 할지, 무슨 말 해야 할지 머릿속이 엉킨 실타래 같았다.'라고 표현할 수 있었고요. 정확한 전달이 어려웠던 감정이 더욱 선명해졌습니다. 연습이 쌓이면 쌓일수록 자연스럽게 표현할 수 있게 되리라 생각합니다.

또한, 자기 표현력은 말하기와도 연결됩니다. 감정을 글로 쓰는 연습을 반복하면서, 사람들과 대화할 때도 내 생각이나 의견을 조금 더 정확히 전달할 수 있게 되었습니다.

'표현한다.'라는 것은 있는 그대로 나를 나타내는 것입니다. 나를 이해하고 인식하는 과정, 문장 만들기를 통해 알게 되었습니다.

세 번째, 글쓰기에 대한 두려움이 줄었습니다.

글을 쓰는 게 어려웠던 이유 중 하나는 '잘 써야 한다.'라는 부담감 때문이었습니다. 다른 사람과 비교하면서 제가 쓴 글이 더욱 초라하게 느껴졌어요. '나는 글 쓰는 재주가 없나 봐.'라는 생각에 힘들었습니다.

하지만 생각해 보면 처음부터 잘하는 일은 거의 없었습니다. 자전거를 배울 땐 균형도 못 잡고 휘청거렸어요. 방법을 배우고 꾸준히 연습하다 보니 어느 순간 잘 타게 되었죠. 글쓰기 역시 마찬가지란 생각을 했습니다. '나만의 문장 만들기'를 반복해 연습했습니다. 덕분에 글쓰기에 대한 두려움이 줄었습니다.

문장을 만들어 보는 연습을 통해 깨달았습니다. 어쩌면 글쓰기는 특별한 재능이 아니라 '익숙해지는 것'이 아닐까. 매일 쓰는 짧은 문장이 쌓이면서 '나도 글을 쓸 수 있다.'란 자신감이 조금씩 생겼습니다. 예전에는 시작조차 못 했던 글쓰기가 조금 편안해졌지요.

글쓰기, 거창할 필요 없습니다. 그저 '하루 한 줄 필사'와 '나만의 어록'을 만들어 보는 것, 그리고 그것을 반복해 실천하는 것이 전부였습니다.

오늘도 세상 속 문장을 만납니다. 밑줄을 긋고 손으로 옮겨 적습니다. 서툴지만 문장도 한 줄 만들어 봅니다. 잘 써야 한다는 부담 대신 배우고 깨닫게 된 것을 씁니다. 느낀 것을 솔직하게 적습니다. 완벽하지 않아도 괜찮다는 마음으로 하루하루 문장과 가까워지고 있습니다. 그렇게 글쓰기는 삶의 일부가 되어 조금씩 저를 채우고 있습니다.

마음에 담는 하루 한 줄

"무명일 때 무명을 즐겨라, 무명을 이용하라."

읽히지 않는 글을 쓰는 지금이, 가장 자유로운 글을 쓸 수 있는 시간입니다.

— 오스틴 클레온, 『훔쳐라, 아티스트처럼』을 읽고

7. _____ 쓰고 싶은 글, 읽고 싶은 이야기

'글을 쓴다는 것은 길을 만들고, 그 길을 걸어가는 것이다.'

한때는 책을 읽으면 당연히 글을 쓸 수 있다 믿었습니다. 1년에 백 권쯤 읽으면 잘 쓰게 될 테지 기대했죠. 그래서 속독에 집착했는지도 모릅니다. 빨리 읽어야 빨리 쓸 수 있다고 생각했으니까요. 책 쓰기 수업을 듣고 글을 쓰면서 알게 되었습니다. 책을 읽는 것과 글 쓰는 것은 다르다는 것을요. 책을 많이 읽어도 작가가 될 수 있는 건 아니라는 것도 깨달았습니다.

책을 읽는 것은 누군가 걷기 편하게 닦아놓은 길을 따라 걷는 것과 같습니다. 글을 쓰는 것은 직접 돌을 골라내고 다듬어 길을 내는 일이라 생각합니다. 그런 의미에서 작가란 자신의 길을 만들고 그 길을 묵묵히 걷는 사람이었습니다.

2016년 책 읽기 시작하며 작가의 꿈을 키웠습니다. 단순히 내 이름으로 된 책이 갖고 싶었어요. 글 잘 쓰는 건 바라지도 않았죠. 작가가 되고 싶단 마음이 풍선처럼 부풀어 올랐습니다.

2022년 12월 자이언트 북 컨설팅에서 책 쓰기 수업을 듣기 시작했죠. 꼬박꼬박 수업을 들어도 글 쓰는 건 어려웠습니다. 한 문장도 쓰지 못한 날이 많았죠. 머릿속에서 맴도는 생각들 정리되지 않았습니다. 구조도 맥락도 없는 그저 감정을 쏟아낸 낙서 같은 글을 끄적거렸습니다. 무슨 말을 하고 싶은 건지 정리가 안됐습니다. 누구에게도 보여줄 수 없는 글이었죠. 그러나 걱정한다고 달라지는 건 없습니다.

걱정 대신 글 쓰는 시간을 정했습니다. 시간을 쌓아가고 있지요. 여전히 서툴고 어설픕니다. 하지만 글을 통해 나를 이해하기 시작했지요. 때로는 일기처럼, 때로는 편지처럼, 그리고 가끔은 고백처럼 글을 씁니다.

요즘 세상은 빠르게 흐릅니다. 유튜브, 인스타그램, 이야기조차 짧고 자극적이어야 주목받습니다.

저는 느리게 글 쓰는 걸 선택했습니다. 이 글이 내 마음을 담고 있는지, 이 문장에 어떤 의미를 주고 싶은지 생각해 봅니다. **빨리 쓰면 글이 되지만, 천천히 쓰면 삶이 됩니다.** 내 삶이 묻어나는 글을 쓰고 싶습니다.

글은 한 번에 완성되지 않습니다. 천천히 쓰고, 천천히 다듬고, 천천히 읽어야 가능한 일입니다. 글을 쓰기 위해선 책도 읽어야 하죠. 다양한 작가의 문장을 읽으며 내 이야기를 떠올립니다.

잘 살아야 잘 쓴다는 말을 믿습니다. 잘 쓰기 위해서는 잘 살아야겠지요. 글을 읽는다는 것은 타인의 마음을 받아들이는 일이고요. 책 쓰는 일은 마음을 건네는 일이기 때문입니다.

"글을 써도 작가가 되긴 어렵지요?"
"이미 잘 쓰는 사람들 많잖아요."
"읽어주는 사람도 없는데, 왜 쓰세요?"

이런 말 자주 들었습니다. 저도 의심한 적 있습니다. 그럼에도 하고 싶은 일이었으니, 시작했으니 그냥 씁니다. 글을 쓰며 바뀐 것은 마음가짐이었습니다. '무엇을 쓰는가.'보다 '왜 쓰는가.'를 자주 묻게 되었어요. 잘 쓰려고 애쓰기보다 진심을 담으려 노력했습니다. **꾸며낸 이야기가 아닌, 살아낸 이야기를 썼습니다. 글은 나와 나누는 정직한 대화였습니다.**

제 첫 번째 공동저서 『오늘이 전부인 것처럼』을 지인에게 선물했습니다.
"현주야, 네가 옆에서 종알종알 떠드는 것 같아. 술술 잘 읽히더라."
"언니, 병원에 혼자 수술받으러 가는 글 보고 울었어요. 나도 비슷한 경험했거든……."

생각지도 못했던 말들에 가슴이 뜨거워졌습니다. 그 순간 알게 됐어요. 진심은 언젠가 닿는다는 것을요.

지인들의 반응에 쓰는 의미가 달라졌습니다. 삶의 가치도 변했고요. 내 글이 누군가에게는 하루를 바꾸는 문장이 될 수 있다는 걸 알았습니다. 그 문장이 슬픔을 위로하든, 외로움을 덜어주든, 혹은 괜찮다고 격려하든. 읽고 싶은 이야기, 쓰고 싶은 글은 어떻게 써야 할까 고민했습니다. 제가 사용하는 세 가지 방법을 말씀드리고 싶습니다.

첫째, 솔직해야 합니다. 독자는 글쓴이의 진심을 압니다. 꾸미고 감추려 해도 문장에서 마음이 드러나거든요. 잘 쓰려고 하는 것보다 진심을 담아 쓰는 것이 중요합니다.

둘째, 일상을 다르게 볼 수 있는 눈을 키워야 합니다. 특별한 사건이나 거창한 경험이 아니어도 좋습니다. 평범한 일상에서 발견한 작은 감정, 소소한 장면이 공감을 줄 수 있습니다. 하루 24시간 매일 반복되는 오늘. 무엇을 보고, 무엇을 느끼고, 어떻게 살아가는지를 기록하는 일이 중요해요. 글 안에 삶이 있고, 그 삶이 글이 됩니다.

셋째, 매일 써야합니다. 글쓰기는 훈련입니다. 처음부터 잘 쓰는 사람은 없어요. 쓰면 쓸수록 조금씩 나아집니다. 매일 한 문장이라도 꾸준히 쓰는 것. 쓰다 보면 비로소 자신만의 문체가 만들어진다고 생각합니다. 나만의 이야기가 글로 탄생하게 되는 거죠.

이제는 잘 쓰기를 바라지 않습니다. 어쩌면 계속 못난 글을 쓸 수도 있어요. 그래도 괜찮습니다. 나다운 글을 쓰면 되니까요. 누군가의 일상에 조용히 스며들어 잠시라도 머물 수 있는 글을 쓰고 싶습니다. 대단하지 않아도 거창하지 않아도 괜찮습니다.

글쓰기는 열린 문입니다. 누구나 쓸 수 있어요. 나만의 언어로, 나만의 삶을 쓰는 일. 때론 울고 때론 흔들리더라도 멈추지 않고 써내려 가는 것. 그 끝에서 공감하고 위로받는 나만의 독자가 기다리고 있을 거라 믿습니다.

글을 쓴다는 건, 내 삶의 길을 만드는 일입니다. 그 길 위에 발자국을 남겨봅니다. 그 발자국이 누군가에게는 새로운 시작될 수도 있을 테니까요.

8. _____   인생 사칙연산:
                                              더하기에서 나누기까지

독서는 더하기, 글쓰기는 빼기, 인간관계는 곱하기, 삶의 의미는 나누기! 인생은 어쩌면 수학과 닮았는지도 모르겠습니다.

살면서 다양한 문제를 만납니다. 다른 사람이 정한 답보다 제게 맞는 해답을 찾아갑니다. 한 번에 결정을 내릴 수 없는 일도 많습니다. 실수도 자주 했고요. 그럼에도 경험에서 배우고 다시 시작할 수 있다는 것. 결국 각자 삶의 방향으로 나아간다는 것이 중요하겠죠. 그중에서도 '더하기, 빼기, 곱하기, 나누기'라는 사칙연산은 제 삶의 방식을 말해주는 언어입니다.

독서는 더하기!

독서는 '내 생각에 지혜를 더하는 일'이라고 생각합니다. 사실 저는 책을 좋아하지 않았습니다. 가끔 소설을 읽긴 했지만, 다른 분야의 책은 전혀 몰랐습니다. 흥미를 느끼지 못했죠.

아이들에게는 책 읽는 습관을 길러주고 싶었습니다. 아이들은 부모가 하는 행동을 보고 배운다는 말이 있잖아요. 제가 읽으면 자연히 따라 읽을 거라 믿었습니다. 꿈도 야무졌습니다. 지금까지 책을 읽는 건 저뿐입니다. 어느새 십 년이 되었네요.

책을 통해 다양한 정보와 지식을 얻습니다. 덕분에 생각의 폭과 깊이도 확장되었지요. 독서는 세계를 여행하는 것과 같다는 말에 공감합니다. 작가의 글을 통해 다양한 세상을 간접적으로 경험할 수 있습니다.

책을 읽는다는 건 작가의 글에 내 생각을 더하는 일입니다. 알지 못했던 길을 먼저 걸어간 작가의 경험이 제 삶에 더해지는 일이죠. 그것을 저만의 해석으로 이해하고 조금 더 확장해 나가는 과정. 삶의 의미와 가치를 찾을 수 있도록 도와주는 독서는 더하기입니다.

글쓰기는 빼기!

글을 쓰기 시작한 건 순전히 제 이름으로 된 책을 갖고 싶어서였습니다. 작가라는 명사보다 글을 잘 쓰고 싶다는 생각보다 '내 책'이 갖고 싶었죠. 그런데 자꾸 욕심이 생기는 거예요. 상상했습니다. 책 출간하고 베스트셀러 작가가 되어 인터뷰하는 꿈. 입꼬리가 씰룩거렸습니다.

한 편 한 편 글 쓸 때마다 마음속 얽혀 있던 불편한 감정을 덜어낼 수 있었습니다. 슬픔도, 분노도, 외로움도 조금씩 빠져나갔습니다. 마치 물건이 뒤죽박죽 엉켜있는 서랍을 하나하나 정리하는 기분처럼 마음이 한결 가벼워졌습니다.

특히 누구에게도 말하기 어려운 감정을 글로 썼을 땐 내가 더 잘 보였습니다. 마음이 편안해졌고요. 긴장했던 어깨가 내려앉았습니다. 덕분에 잘 써야 한다는 부담감도 내려놓을 수 있었습니다.

무언가를 얻고 싶어서 글을 쓰기 시작했습니다. 하지만 덜어내고 비우면서 진짜 나를 만날 수 있었습니다. 복잡한 감정을 비워낸 자리, 마음의 안정이 찾아왔습니다.

인간관계는 곱하기!

인간관계는 복잡합니다. 더하거나 빼기로 설명하기엔 부족합니다. 좋은 사람, 나쁜 사람이란 표현도 옳지 않습니다. 나와 '생각이 비슷한 혹은 생각이 다른'이란 표현이 더 맞을 것 같아요.

삶의 방향과 생각의 결이 맞는 관계, 배울 점이 있는 사람을 만난다는 건 행운입니다. 그런 사람과 함께 한다는 건 성장이 배가 될 수 있습니다.

개인 저서 출간을 목표로 모임을 만들었습니다. 글 쓰는 습관도 만들고 싶었죠. 혼자 한다는 게 어려웠습니다. '럭키비키(나에게 일어나는 모든 일이 결국 나에게 좋은 일이야)'를 시작하게 된 이유입니다. 이 모임을 통해 저는 인간관계의 곱셈을 경험했습니다.

월요일에서 금요일, 새벽 5시부터 7시까지. 2025년 6월 190회를 진행했습니다. 온라인 줌(zoom)에서 만납니다. 자유롭게 참석합니다. 각자 하고 싶은 것을 하죠. 글 쓰는 작가도 있고요. 책도 읽습니다. 필사도 하죠. 마치기 전까지 마이크는 켜지 않습니다.

6시 57분, 아침 인사를 나눕니다. 한 명씩 돌아가며 오늘 아침 한 일이나 책 소개, 어제 있었던 일 등 이야기를 나눕니다. 십여 분 비록 짧은 시간이지만 서로를 더 잘 이해할 수 있게 되었습니다. 회차를 거듭할수록 각자의 삶을 나누는 소중한 공간이 되었습니다.

서로의 감정과 생각은 다를 수 있습니다. 인정하고 이해합니다. 공감하고 수용하려 노력하죠. 배운 것을 나누고 오늘을 응원하며 함께 성장하고 있습니다. 이미 성공한 하루입니다. 감사한 마음으로 오늘을 시작합니다. 혼자였으면 결코 얻을 수 없을 경험과 감정들, 관계를 통한 성장이 점프 업! 됩니다.

도울수록 커지는 가치, 삶의 의미는 나누기!

내 얘기가 무슨 도움이 돼, 가진 것도 없는데 뭘 나누라는 거야. 말도 안 된다고 생각했습니다. 함께 살아가는 사회라 하지만 결국엔 다 각자 사는 거라고 생각했죠. 다른 사람 돕는 사람은 따로 있다, 부와 명예를 가진 세상이 인정하는 부자들처럼 넉넉한 사람만 도울 수 있다고 말입니다. '내 코가 석 자인데 누굴 도와.'

'내 삶을 글에 담아 세상을 이롭게 하는 책을 펴낸다.' 자이언트 북 컨설팅 대표 이은대 작가 말입니다. 똑같은 하루, 보잘것없고 평범한 삶을 사는 내가 다른 사람을 도울 수 있다고? 한 번도 생각해 본 적 없었습니다.

'나의 경험이 누군가에게 반드시 도움이 된다!' 수업 때마다 들었습니다. 반대로 생각해 봤죠. 나는 어떤 글에 감동하고 어떤 문장에 위로받을까 되돌아봤습니다. 책장에 있는 책 중 다섯 권을 꺼냈습니다. 훑듯이 넘기며 살펴보았습니다.

밑줄을 긋고 별표한 문장이 셀 수 없었습니다. 읽다 보니 저도 모르게 집중했습니다. 다섯 권 모두 읽을 필요 없었습니다. 책을 정리했습니다. 감동과 공감, 눈물 나게 만든 주인공은 초능력을 가진 영웅이 아니었습니다. 저와 비슷한 오늘을 살고 있는 보통 사람이었어요. 그들의 경험과 인생에 고개를 끄덕였습니다.

공동저서를 출간했습니다. 부끄러웠지만 몇몇 지인에게 선물했지요. 그리곤 잊어버렸습니다.

얼마 후 걸려 온 전화에 반갑게 인사했어요. 선물한 책 얘기를 합니다. 대화 나누기도 전에 얼굴이 달아올랐습니다. 책 내용 중 병원에 입원해 혼자 수술받았던 글에 눈물을 흘렸다고 합니다. 비슷한 경험을 했고 위로를 받았다고요. 또 다른 지인은 제가 옆에서 종알종알 말하는 것처럼 술술 잘 읽혔다고도 했습니다. 괜히 코끝이 찡했습니다. 고마웠습니다. 처음으로 글을 쓰기 잘했다는 생각이 들었고요. 내 삶도 꽤 괜찮다고 느꼈습니다.

거창한 경험이 아니라도 누군가에게 울림을 줄 수 있다는 걸 깨달았습니다. 나눈다는 것에 대해 생각합니다. 그건 말 한마디가 될 수 있고요. 글 한 편일 될 수도 있습니다. 위로가 필요한 누군가의 손을 꼭 잡아주는 행동이 될 수도 있겠죠. 가장 중요한 건 마음이었습니다. 우리는 보이지 않는 누군가의 도움을 받으며 살아갑니다. 평범한 일상의 특별한 의미를 찾는 일, 나눌 수 있고 도울 수 있어 감사했습니다.

책으로 삶의 지혜를 더합니다. 글로 무거운 감정을 덜어내고요. 관계에서 배움으로써 조금씩 성장을 합니다. 더불어 마음과 마음을 나누며 오늘을 살아가지요.

사칙연산을 통해 삶을 돌아봅니다. 온전한 삶의 주인이 되고자 오늘도 더하고, 빼고, 곱하고, 나눕니다.

천천히 읽고 쓰는 연습을 위한 작은 안내

1. 마음을 울리는 한 문장 발견하기

2. 매일 정해진 시간, 같은 장소에서 같은 양을 읽고 쓰기

3. 글 쓰는 모임을 만들어 운영해 보기

4. 좋은 문장 필사 후 내 생각 쓰기

5. 다양한 문체로 글쓰기

6. 나만의 어록 만들기

7. 한 달 동안 한 권의 책 읽기

8. 하루 한 단어를 중심으로 짧은 글쓰기

9. 낭독 모임 운영해 보기

10. 독립서점이나 도서관 등 색다른 장소에서 읽고 쓰기

마치는 글

"이현주! 너, 내일 죽는다면 가장 후회되는 게 뭐야?"

2022년 1월, 이 질문이 제 인생을 흔들어 놓았습니다. 오직 나를 위한 생각, 나의 선택과 결정. 그 질문에 답을 찾은 덕분에 지금의 내가 되었습니다.

무식하면 용감하다고 했던가요. 아는 게 없어 선택이 쉬웠는지도 모르겠습니다.

제대로 따져볼 생각도 못 했습니다. 잘 쓰는 글, 바라지도 않았죠. 그저 '내 이름으로 된 책' 한 권 갖고 싶었습니다. 그 간절함이 길을 찾아냈습니다. 우연인지, 운명인지 모릅니다. 여기저기 블로그를 기웃거리다 발견한 책 쓰기 무료 특강, 그리고 2023년 12월. '자이언트 북 컨설팅' 평생회원으로 등록했습니다.

2024년 6월의 마지막 날. 일곱 번째 공동 저서 『나는 글을 쓸 때마다 내가 된다』로 북 토크를 했습니다. 노을이 아름다운 천안 불당동 '북하우스' 북 카페. 오후 2시 북 토크 시간이 다가올수록 설레고 긴장 됐습니다. 하나, 둘. 반가운 얼굴들이 보이기 시작합니다. 글을 쓰며 맺은 인연들입니다. 생각이 달라지니 행동이 변하고 만나는 사람도 달라졌습니다.

그리고 2025년 4월. 드디어 40편의 초고를 완성했습니다. 마지막 장, 마지막 글에 마침표를 찍는 순간, 깨달았습니다.

"아, 이제 시작이구나."

초보 작가입니다. 현재 라이팅 코치(책 쓰기 코치)로 활동하고 있습니다. '글빛이음'. 내 안의 빛나는 글, 세상과 연결합니다. 함께 글을 쓰는 작가 스물여섯 명은 온라인으로 맺은 인연입니다. 보이지 않는 끈으로 연결되어 있습니다. 서로가 서로에게 긍정적인 영향을 주고받습니다. 응원과 격려, 축하와 감사를 나눕니다. 전보다 자주 웃습니다. 오십이 넘은 나이, 읽고 쓰고 배우고 나누고, 함께 성장하는 지금이 가장 행복합니다.

인생에 다시 봄이 찾아왔습니다. 글이라는 '씨'를 뿌리고, 싹이 트기를 기다리고 있습니다.

읽고 쓰는 가운데 알게 되었습니다. 보잘것없고 특별한 것 없는 일상이 얼마나 소중한지. 감사할 줄 알게 되니, 감사한 일이 생깁니다. 주변을 돌아보게 되었고, 마음의 그릇도 조금씩 넓어지고 있습니다. 이제야 비로소 어른다운 어른이 되어 가는 중입니다. 혼자였다면 결코 해내지 못했을 일입니다. 좋은 사람들과의 인연이 만들어 낸 변화와 성장입니다. 덕분입니다.

"지금을 잃은 사람에게 내일은 없었다."

이은대 작가의 책 『책쓰기』에서 만난 문장입니다. 그 문장이 줄곧 저를 따라다녔습니다. 마음만 있고 행동하지 않았던 저는 '지금을 잃은 사람'이었습니다.

"어제의 빛으로 오늘을 살 수는 없다."

그 문장을 읽고, 제가 만든 문장입니다. 과거의 찬란했던 순간으로는 지금을 살아낼 수 없다는 걸 깨달았습니다. 미래를 꿈꾸며 살아가는 일도 중요합니다. 하지만 꿈을 현실로 만드는 힘은 지금, 이 순간에 있습니다. 오늘에 집중해 살아가야 할 이유가 되었습니다.

책 속의 문장 하나에 마음이 두근거렸던 날처럼, 제가 쓴 문장이 누군가의 마음을 두드리길 바랍니다. 공부하며 배운 게 있습니다. 작가란 '삶의 경험을 글로 표현함으로써 다른 사람을 돕는 사람'이라는 것입니다. 글을 잘 쓰는 사람이 작가는 아니었습니다. 특별한 사람만이 작가가 되는 건 아니었죠. 보통의 하루, 평범한 일상을 살아낸 경험이 누군가에게는 소중한 한 편의 글이 될 수 있다는 걸 알게 되었습니다.

제가 꾸준히 읽고 쓸 수 있었던 것은 '슬로우 리딩'과 '슬로우 라이팅' 덕분이었습니다. 크고 작은 실패와 실수를 겪으며 제게 맞는 방식을 찾았습니다. 천천히 읽고, 천천히 쓰고, 의도적으로 '생각하는 시간'을 갖는 일. 그렇게 연습하고 반복하면서, 결국 작가의 꿈도 이룰 수 있었습니다.

작가가 될 거라고는 상상도 못 했습니다.

이렇게 책을 내고 보니, 마음만 먹는다면 누구나 할 수 있는 일이었습니다. "그런 말, 나도 한다."라고 생각할 수 있겠지요. 그만큼 진실은 단순합니다. 꾸준함이 열쇠였습니다.

혹시 이 글을 읽고 있는 여러분이 작가가 되고 싶지만 시작하지 못한다면. 혹은 작가가 아니어도 이루고 싶은 꿈이 있다면. 이 세 가지만 기억해 주면 좋겠습니다.

첫째, 완벽한 준비는 없습니다. 지금도 충분합니다. 그냥 해 보세요. 그것이 최고의 시작입니다.

둘째, 스스로 질문해 보세요. "작가가 되고 싶은가. 그렇다면 지금 나는 무엇을 하고 있는가." 지금 하는 일, 반복하는 그 일이 결국 당신의 미래를 만듭니다.

셋째, 책도, 글도, 인생도 슬로우, 슬로우! 급할수록 천천히, 그러나 깊이 있게! 생각하는 힘과 마음의 여유, 삶의 즐거움을 만나게 될 것입니다.

책을 쓴다는 건, 지나온 시간을 꺼내어 보는 일입니다.

빛났던 순간들, 그늘에 가려져 보이지 않았던 날들. 그 모든 시간이 모여 지금의 '나'를 만들었습니다. 이제는 더 이상 후회하지 않기로 했습니다. 나쁜 일이 아니라면, 용기 있게 도전하고 시작합니다. 시작하면 길이 보이고,

방법이 생기고, 더 나은 방향을 찾게 되더라고요. 새벽 글쓰기 모임이 그랬고, 일요일 필사 모임이 그랬습니다. 이제는 압니다.

책을 읽는다는 건 '지금을 살아낸다.'라는 것이고, 글을 쓴다는 건 '지금을 기억하는 일'이라는 것을.

어제와 다른 오늘, 그 시간을 잘 살아내기 위해 '나만의 빛'을 만들어 갑니다. 비록 지금 그 빛이 작고 희미할지라도 멈추지 않겠습니다. 마음이 움직이는 방향을 보여 매 순간 집중하려 합니다.

오늘도 서툰 글을 씁니다.

나를 위해, 그리고 내 글을 읽을 누군가를 위해. 오늘은 오늘의 빛으로 살아야 합니다. 어제의 찬란했던 빛도, 유난히 빛나게 될 내일도, 지금은 아니니까요.

매일 나다운 삶을 만들어 갑니다. 지금도 그 길을 걷습니다.

나를 찾아가는 여행, 천천히, 그러나 확실하게!

오늘을 여행하는 모든 이의 꿈이 이루어지기를 그리고 당신의 오늘이 반짝이기를 진심으로 응원합니다.

2025년 인생의 봄을 맞이한

글빛현주